正　誤　表
『連携による知の創造』

【18頁】図表2　意思決定スキル
　誤　意思決定設計力（法定法法・方針・基準の設計）
　正　意思決定設計力（法定方法・方針・基準の設計）

【18頁】図表3
　誤　意思決定の評価／振り返り視点
　　・企業の永続性
　　・人材育成
　　（定量評価しにくい尺度）
　正　意思決定の評価／振り返り視点
　　・企業の永続性
　　・人材育成
　　・従業員の納得
　　（定量評価しにくい尺度）

【24頁】図表1　下記に差し替え

図表1　リーダーによる罰行動の被行使と観察がリーダーへの信頼にもたらす影響

変数名	Step1	Step2	Step3
切片	2.577**	2.560**	2.561**
上司との親しさ	0.688**	0.688**	0.687**
罰行動の被行使	0.057*	0.054*	0.052+
罰行動の観察	0.043+	0.040	0.043+
罰の公正さ	0.120**	0.123**	0.124**
病院の規模	−0.025*	−0.024*	−0.022+
①罰行動の被行使×上司との親しさ		0.060**	0.062**
罰行動の観察×罰の公正さ		0.034	0.025
罰行動の観察×上司との親しさ		−0.031	−0.034
罰行動の被行使×罰の公正さ		−0.068**	−0.061*
上司との親しさ×病院の規模		0.008	0.008
罰行動の被行使×病院の規模		0.005	0.002
罰行動の観察×病院の規模		−0.003	0.000
罰の公正さ×病院の規模		−0.007	−0.010
罰行動の被行使×上司との親しさ×病院の規模			−0.016
②罰行動の観察×罰の公正さ×病院の規模			−0.039*
罰行動の観察×上司との親しさ×病院の規模			0.015
罰行動の被行使×罰の公正さ×病院の規模			0.037+
R2	.641**	.645**	.648**

表中の値は非標準化係数　**$p<.01$, *$p<.05$, +$p<.10$

出典　筆者作成

連携による知の創造

社会人大学院の新たな試み

広島大学マネジメント研究センター【編】

東京 白桃書房 神田

刊行にあたって

　2011年4月，社会人大学院の一層の飛躍を意図し，広島大学マネジメント研究センターが設置された。これは，文部科学省の特別経費を得て運営されるものであり，その事業名は「社会人大学院モデルの深化―理論実践融合型マネジメント教育システムの高度化による達成―」（2011年度から2013年度）である。

　すなわち，マネジメント研究センターは，「理論と実践の融合」を理念として掲げ，社会人大学院としてこれまで研究・教育に邁進してきた広島大学大学院社会科学研究科マネジメント専攻を側面から支援するために生まれた。その主たる活動は，プロジェクト型課題解決事業であり，そこでは，地域を巻き込んだ積極的な研究・教育活動が展開された。本書は，その3年間に及ぶ事業活動のうち，プロジェクト研究の成果をまとめたものである。

　それでは，さらなる飛躍をどのように目指したのか。

　社会人院生の特徴は実践との高い緊密性にある。社会人は，そうした実践課題をもって入学し，教員が最新の理論をもってそれに応じる。この実践と理論の結付きは，学位論文として結実するとともに，理論の裏付けを得た実践に帰着する。しかし，常に変化する実践課題は，修了生と本専攻との継続的なつながりによる解決を必要としている。一方，こうした研究・教育機関は，地域のさまざまな課題解決を図ることで地域への貢献を果たすことができる。そして，修了生および地域が求めるこうした強いつながりは，プロジェクト型課題解決事業を実施することで築くことが可能となる。

　マネジメント研究センターは，まさにその運営を担うものなのである。具体的には，修了生を含む地域から課題提供を受け，採択された課題をプロジェクト研究という形で解決するものである。メンバーには，課題提供者だけでなく，院生と教員も加わり，共同研究がおこなわれる。したがって，このプロジェクト研究は，修了生に再び学ぶ機会を提供し，また，地域の課題を解決するだけではない。このプロジェクト研究を指導することで，教員は実践課題の何たるかを知ることができ，院生にとっては実践教育の場ともなる。そして，そこで得られた幅広い視野はより優れた研究を導くこととなる。これこそが，理論と

実践が融合した研究・教育なのであり，それは，人と人，人と組織，組織と組織の連携があってはじめて可能となる。

　今日，国際化，情報化が急速に進展しており，産業社会はますます複雑化，高度化している。その際に鍵となるのが，まさに連携である。広島大学マネジメント研究センターは，プロジェクト型課題解決事業を推進することで，地域の企業，行政，大学，そして人々と深いつながりをもつことができた。今後は，そこでつちかわれた信頼関係を基盤に，さらに連携を強め，地域に対する社会貢献を果たしていく。この3年間の活動成果は，その意味で未来に向けた第一歩といえる。

　　2014年2月

　　　　　　　　　広島大学マネジメント研究センター長

　　　　　　　　　　　　　　　　　　　村松潤一

序

　人と人，人と組織，組織と組織が結付き，つながりをもつことで相互作用が生まれ，そこから新たな知が創造される。そうした連携による知は，われわれの想像を超えたものとなる。

　マネジメント研究センターによるプロジェクト型課題解決事業は，修了生，院生，教員，そして，地域のさまざまな人と組織の深い関わり合いの中で推進された。この3年間で実施されたプロジェクト数は，42件にもおよび，調査研究のプロセスにおいては，新たな知の創造に向け，プロジェクト内に留まることなく，他のプロジェクトとも積極的な交流がもたれた。さらに，関連する学会での報告や論文掲載がなされたのはいうまでもない。したがって，プロジェクト研究で取り上げられた課題は多岐にわたるものの，それらは，いわば「知の創造システム」として，「ひと，かなめ，しくみ，ながれ，ちいき」の5つ要素のもとにまとめることができる。すなわち，これら要素は，相互に関係をもちながら，それぞれ新たな価値を創造したのである。

　ところで，こうした事業の成果は，さまざまな形で示すことができる。そのための1つの手段が学術書の刊行である。本書は，それに従うものであり，「知の創造システム」におけるそれぞれの要素で実施された多様な研究成果の一部からなっている。言い換えれば，本書は要素毎のアウトプットを取り上げるものである。そこで以下，それぞれの要素の考え方，議論すべきことを概説することをもって本書の構成を示すことにする。

　まずは，「ひと」づくりである。国際化，情報化の急速な進展は，社会に対してさまざまな変革を要求する。しかし，最も重要なことは，いうまでもなくひとの問題である。新しい社会に向けた人材育成についてはさまざまなところで言及されているが，本書では，能力や技能，適性といった観点から，ひとづくりについて考える。

　次は，「かなめ」づくりである。組織が独自の知を創造するには，組織として，どのようなコンテンツや内容が必要となるのかを考える必要がある。つまり，組織が知を創造するためのソフトの部分と位置付けられるのが，この「かなめ」

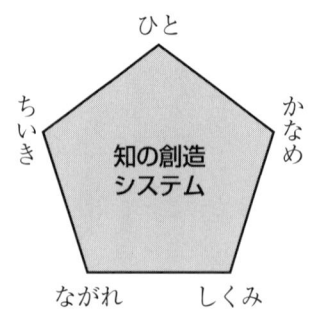

づくりの部分である。本書では，新しい考え方，捉え方である共創について議論する。

これに対して，知の創造のハードウェアにあたるのが「しくみ」であり，どのようなシステムや構造を作り込むかによって組織における知の創造の「しくみ」は異なってくる。どのような「しくみ」づくりをおこなうかは，どのような知を創造するかを考える上で非常に重要となる。

「ながれ」づくりは，知の創造のために組織内の活動をうまく結付け，情報や知識を目的に応じて必要なところに流す，フローの部分である。情報や知識は絶えず組織に蓄積されていくが，知の創造に必要な情報や知識をどのように組織内で循環させるかを考えるのがこの部分である。

最後は，「ちいき」づくりである。ひるがえって考えるなら，地域とは，「ひと」，「かなめ」，「しくみ」，「ながれ」からなる，いわば知の結集である。そして，未来に向けた新たな知が創り出される場でもある。ここでは，地域と知の創造がどのように関わってきたかを長い時間軸をもって考える。

なお，執筆は，各研究プロジェクトの代表者，そして，それに参加した院生，教員がおこなった。代表者のうち，実務に携わる方には，大変不慣れな作業をお願いすることになったが，出版物として成果をあらわすことについては，十分に納得をいただいた。また，参加した院生は，共同研究で得られた知見やそれに関連する自身の研究について明らかにしてもらった。そして，指導にあたった教員は，プロジェクト研究の理解を手助けする上で必要と思われる研究について述べることとした。

さて，本書が軸に置いた「ひと，かなめ，しくみ，ながれ，ちいき」の５つ要素は，相互に作用し合うことで新たな知を創造した。しかし，そのことを可能にしたのは，人と組織のさまざまな形での連携である。本書のタイトルが，連携による知の創造，とあるのはまさにそのことを物語っている。

広島大学マネジメント研究センター編集委員会

村松潤一・佐伯健司
八巻恵子・中村友哉

目　次

刊行にあたって………………………………………………村松潤一　　i

序……………………………………………………………村松潤一　　iii
　　　　　　　　　　　　　　　　　　　　　　　　佐伯健司
　　　　　　　　　　　　　　　　　　　　　　　　八巻惠子
　　　　　　　　　　　　　　　　　　　　　　　　中村友哉

1．ひとをつくる

ヒューマン・サービス専門職の人的資源管理
　　―介護サービス組織の介護職員を対象とした定量的分析―
　　　………………………………………………………福間隆康　　2
助産師の技能獲得に関する研究
　　―組織と個人の関係性に着目して―………………藤井宏子　　5
総合病院の外来における多職種間のチームワークに関する研究
　　………………………………………………………江口圭一　　8
　　　　　　　　　　　　　　　　　　　　　　　　和田良香
　　　　　　　　　　　　　　　　　　　　　　　　田中　亮
企業におけるセカンドキャリア支援の効果…………小玉一樹　　11
人材グループ別人的資源管理の構築に関する研究…安藤正人　　14
戦略的意思決定適性の研究
　　―意思決定能力のマネジメント―…………………竹本　崇　　17
職務行動促進モデルの国際比較
　　―日本とタイにおける製造業労働者を対象に―…原口恭彦　　20
厳しきリーダーが信頼される条件
　　―医師，看護師，医療事務職を対象とする調査データから―
　　………………………………………………………相馬敏彦　　23
イノベーターとしてのリードユーザーとその活用……中村友哉　　26

看護職のモチベーションは何によって高まるのか
　　……………………………………………………伊藤（北谷）真美　29
ホテル業における人的資源問題……………………………香坂千佳子　32
若年従業員の活性化に関する研究
　　―上司および若年従業員の行動やモラルに着目して―
　　……………………………………………………藤澤（井戸）広美　35
自己成長感がもたらす更なるキャリア発達に関する考察……濱岡　剛　38
従業員の自発的で変革的な行動の概念整理………………大上麻海　41

2．かなめをつくる

顧客関係の構築と国際化戦略の変化
　　―台湾日通の事例から―………………………………今村一真　46
価値共創型マーケティングの特性に関する考察
　　―荘内銀行の事例から―………………………………山口隆久　49
製造業における価値共創の意味合いおよび適用の可能性……清野　聡　52
患者の継続受診意志に与える影響に関する一考察…………野田義顕　55
日本の製造業における新製品開発の成功要因の研究
　　―キーパーソンとしてのプロダクト・チャンピオンの
　　　実証研究―……………………………………………藤井誠一　58
価値共創概念とS-Dロジック―マーケティング研究の視点から―
　　………………………………………………………………村松潤一　61
価値共創における組織とリーダーシップ……………………藤岡芳郎　64
イノベーションを生み出し続ける力―開かれた開発へ―…中村友哉　67
価値共創型小売企業システムのモデル化に向けた探索的研究
　　………………………………………………………………張　　婧　70
B to Bにおける価値共創―KOMTRAXの事例―…………楊　歓歓　73
価値共創プロセスに対する理論的検討………………………大藪　亮　76
高齢者の消費行動における情報処理
　　―解釈レベル理論と時間的展望の視点から―
　　………………………………………………………………孫　芸文　79
消費者の文脈価値生成に関する一考察………………………西　宏樹　82

3. しくみをつくる

簡易水道事業法適化の必要性
　　―都道府県別法適化率の算定結果より―
　　　　　　　　　　　　　　　　　　　　　　　　　　菅原正明　86
　　　　　　　　　　　　　　　　　　　　　　　　　　鳥井総司

協同組織金融機関のリレーションシップ　　　　　　　　村上真理　89

大学運営に影響を及ぼす革新的な行動に関する実証的研究
　　―大学職員の行動に着目して―
　　　　　　　　　　　　　　　　　　　　　　　　　　木村太祐　92

大学におけるキャリア教育・支援の再構築に関する研究
　　―キャリア支援担当者への質問紙調査の結果より―
　　　　　　　　　　　　　　　　　　　　　　　　　　中川洋子　95

広島県内中小製造業のベトナム進出におけるコア人材の採用・
　　育成について　　　　　　　　　　　　　　　　　　西村英樹　98
　　　　　　　　　　　　　　　　　　　　　　　　　　宮脇克也
　　　　　　　　　　　　　　　　　　　　　　　　　　山本公平

公益事業をめぐる会計的論点整理
　　―とくに簡易水道事業に関連して―
　　　　　　　　　　　　　　　　　　　　　　　　　　星野一郎　101

先進経済国と新興経済国における企業の成長戦略論　　　江　向華　104
包括的租税回避否認規定創設の必要性　　　　　　　　　佐伯健司　107
簡易水道事業の法適化の背景―財政措置制度による推進―石﨑善隆　110

4. ながれをつくる

フードバンク活動における運営主体と行政の日韓比較　　原田佳子　114
中小企業における経営理念の浸透促進に関する研究
　　―アイデンティティの知覚に着目して―
　　　　　　　　　　　　　　　　　　　　　　　　　　瀬戸正則　117

企業情報システムにおけるIT化知識の継承の取組みと課題
　　　　　　　　　　　　　　　　　　　　　　　　　　村中光治　120

旅館サービスの現場から見られる顧客の価値形成のプロセス
　　　　　　　　　　　　　　　　　　　　　　永井圭子　123
　　　　　　　　　　　　　　　　　　　　　　姜　聖淑
情報システムの継続的利用に伴う知識継承の変質……奥居正樹　126
日本企業における新製品開発プロセス・コントロールのための
　　情報利用について―アンケート調査から―……金　宰煜　129
海外ビジネスにおける暗黙知の競争的意義………………金　熙珍　132
消費税における逆進性と益税制度………………………佐伯健司　135
サービス・リテラシーとはなにか
　　―サービスの意味体系―………………………………八巻惠子　138
消費文化論と価値共創の関係……………………………藤岡芳郎　141
非経済的動機に基づく消費者行動
　　―消費者参加型製品開発ネット・コミュニティの
　　　事例より―……………………………………………藤本　静　144
「pay what you want」方式と消費タイミングおよび
　　顧客満足との関連性に関する研究……………………林　釗　147
IT化における組織的補完要素に関する考察
　　―キーパーソンの調整機能に着目して―……………徳田美智　150

5．ちいきをつくる

瀬戸内海の水軍に関する歴史的資源調査および
　　その活用方法に向けた研究………………………………出原由貴　154
　　　　　　　　　　　　　　　　　　　　　　　　　　織田祐吾
　　　　　　　　　　　　　　　　　　　　　　　　　　元岡敬史
瀬戸内における朝鮮通信使等の歴史文化資源の掘起しと
　　ネットワーク化に関する研究……………………………小早川隆　157
　　　　　　　　　　　　　　　　　　　　　　　　　　花野和広
　　　　　　　　　　　　　　　　　　　　　　　　　　村田民雄

日韓の国境を越えた世界遺産登録の共同申請に向けた
　組織体制のあり方……………………………………………米山俊哉　160
　　　　　　　　　　　　　　　　　　　　　　　　　　　大井博文
　　　　　　　　　　　　　　　　　　　　　　　　　　　斉藤稔夫

高齢者が死ぬまで生活できる場所
　―ホーム・ホスピスまろんの家の事例―………………松原みゆき　163
情報通信技術の地域包括ケアへの活用……………………椿　康和　166
東アジアのネットワークと瀬戸内海…………………………後藤　昇　169
　　　　　　　　　　　　　　　　　　　　　　　　　　　末平顕雄
　　　　　　　　　　　　　　　　　　　　　　　　　　　戸田常一

聖地のものがたり―持続可能な地域のために―……………八巻惠子　172
地域包括ケアシステムにおける病院機能の検討
　―病院機能とチーム医療に関する利用者と看護職の思いの分析―
　……………………………………………………………………佐藤陽子　175

結………………………………………………………………………村松潤一　179
　　　　　　　　　　　　　　　　　　　　　　　　　　　佐伯健司
　　　　　　　　　　　　　　　　　　　　　　　　　　　八巻惠子
　　　　　　　　　　　　　　　　　　　　　　　　　　　中村友哉

　年度別プロジェクト研究メンバー一覧表………………………　181
　執筆者紹介………………………………………………………　184
　マネジメント研究センター運営委員……………………………　187
　マネジメント研究センターメンバー……………………………　188

　編集後記…………………………………………………………　189

1．ひとをつくる

ヒューマン・サービス専門職の人的資源管理
—介護サービス組織の介護職員を対象とした定量的分析—

1．はじめに

　本研究は，経営の効率化とサービスの質の向上が急務の課題となっている日本の介護分野で，介護サービス組織に合ったマネジメント・モデルの確立が求められているという問題意識のもと，組織成果の向上に資する人材マネジメント・モデルの構築を目的としている。具体的には，ヒューマン・サービス組織に位置づけられている介護サービス組織を調査対象にして，個々の介護職員の自発的な組織コミットメントを高め，高業績を達成する人材マネジメント・モデルを明らかにすることである。

2．研究方法

　本研究では，定性的調査と定量的調査を用いた。はじめに，介護分野の現状と人材マネジメント上の課題を多面的に把握するために，四国地区の高齢者福祉施設に勤務する介護職員および施設長を対象とするインタビュー調査をおこなった。その後，インタビュー結果を参考に質問票を作成し，インターネット調査会社のモニターを対象とするインターネット調査をおこなった。
　インターネット調査は，2013年1月に現在の勤務先施設が，介護サービス組織であり，かつ現在の職位が一般職員である介護職員を対象に実施した（429名：男性130名，女性299名；正規318名，非正規111名；平均年齢41歳）。主な調査項目は，プロフィール，人的資源管理施策，自律性，組織コミットメント，組織成果である。

3．分析結果と考察

　インタビュー調査で明らかになったことは，近年の介護サービス組織の課題として，経営の効率化が求められている中で非正規の比率が高まっていること，介護職員は組織から賞罰や圧力によってコントロールされるよりも，セルフコントロールすることを望んでいることが指摘されたことである。また，このよ

うな背景の中で，中長期的に組織成果を向上させるためには，組織とメンバー間の相互信頼関係を強めることが不可欠であることなどが指摘された。これらの問題に対処するための体系的な人材マネジメント・モデルが図表1である。

　このモデルの有効性を検証するために，介護サービス組織で働く介護職員429名を対象としたインターネット調査による定量的分析をおこなった。その結果，次のようなことが明らかとなった。①教育訓練の充実・適正配置は組織コミットメントを高める。②自律性は組織コミットメントを高める。③組織コミットメントは組織成果を高める。④教育訓練の充実・適正配置は組織コミットメントを通じて組織成果を高める。⑤自律性は組織コミットメントを通じて組織成果を高める。⑥①～⑤は雇用形態による差異がない。

　組織成果を高めるためには，教育訓練の充実・適正配置といった人的資源管理システムの構築と自律性を伴う職務設計が必要であり，これらの人材マネジメント施策が組織コミットメントを媒介して組織成果に影響を与えることが示唆された。

　以上の発見事実から，次のような理論的インプリケーションが導かれた。まず，人的資源管理と成果との関連を分析した既存研究では，一貫した発見事実が得られていなかった。今後は，組織コミットメントを考慮に入れることで，これら矛盾した発見事実を整理する手がかりが得られる可能性がある。また，今回の分析で示唆されたように，介護サービス組織においてハイ・コミットメント型人的資源管理は，ベストプラクティスモデルである可能性がある。既存研究では，ハイ・コミットメント型人的資源管理は正規職員を対象とするモデルとして捉えられていた。しかし，介護サービス組織においてハイ・コミットメント型人的資源管理は，非正規職員にも当てはまる可能性がある。

　実践的インプリケーションについては，次のことが導かれた。介護職員に組織の目標と価値を内面化させ，組織に対する愛着を高めさせようと考えている

図表1　本研究のフレームワーク

出典　筆者作成

経営者は，個人の専門性向上につながる教育訓練制度を充実させるとともに，自律的な専門的行為ができるようにする必要がある。上司や先輩による OJT をうまく活用し，現在の職務に対する教育訓練を実施したり，キャリア設計を考慮して計画的なジョブローテーションをおこなったりすることで，介護職員は専門的な知識や技術を向上させることができると考えられる。

一方，仕事の自由度を大きくし，高次欲求を満たすことで組織への感情的な結びつきを高めようとする経営者は，個々の介護職員に専門的行為の際の判断と実行を委ねる必要がある。このような現場レベルの実践を通じ，介護職員は自分に課せられた職務を遂行するに当たり，適切な知識やそれにふさわしい技術を選択する過程で，自らの判断を重視することができるようになり，高次欲求の充足につながることが期待できる。

4．おわりに

今回の研究の限界として，調査対象者が限られた範囲のものであったこと，横断的調査であったことがあげられる。また，本研究で使用した組織成果の測定に関しては，自己評価方式が採用されたため，職員間で認識的なバイアスが生じている疑いがある。したがって次回の研究では，より客観的な指標を用いて他の専門職を対象に，同様の調査を実施する必要があるだろう。

(福間隆康：高知県立大学)

(2012年度プロジェクト研究「ヒューマン・サービスのクオリティ向上のためのマネジメントに関する研究」)

【参考文献】

Huselid, M.A. (1995) "The Impact of Human Resource Management Practices on Turnover Productivity, and Corporate Financial Performance," *Academy of Management Journal*, Vol.38, No.3, pp.635-672.

助産師の技能獲得に関する研究
―組織と個人の関係性に着目して―

1．はじめに

　昨今，周産期医療における役割分担を背景に，助産師による外来診察の実施や自律して分娩を介助する院内助産の設置が求められるようになった。彼らがこれらの業務を担うためには，妊娠期から産褥・新生児期にいたる各期の正常経過を診る能力を備える他，正常からの逸脱を早期に発見し，適切な介入ができる能力が求められる。現在，どのような経験をどのくらい積めば，上記の診断能力を獲得できるのか，明確に示し得る先行研究は少ない。現在，日本看護協会が Off the Job Training（以後 Off-JT とする）を主催し助産師の能力獲得に貢献しているが，職務遂行に関する能力獲得は On the Job Training（職務を通じた教育，以後 OJT とする）によって形成される方が圧倒的に多い。OJT によって今日の助産師に求められる能力をすべての助産師が日常の業務から獲得できれば良いが，ここで問題になるのは，今日の周産期医療システム（図表1）と助産師の雇用形態である。助産師は，看護職として一定組織内に雇用されることが常であるため，職務上経験できる事例が所属する組織の特性によって限定され，OJT の相違を生じさせることが予測される。つまり，助産師として求められる能力は雇用されている組織にかかわらず一定水準以上であるのに，個々の助産師の能力獲得に必要な OJT の機会は組織によって異なると考えられるのである。

　これまで，助産師の分娩期における能力に関する研究は，助産学生から熟練者までを対象に研究が蓄積されてきた（Benner, 1984；早坂・大槻・高橋・高林, 1992；丸山・遠藤・小林, 2005；正岡・丸山, 2009；渡邊・恵美須, 2010）。ただし，これらの研究の多くは自記式調査票を用いた検討，あるいは参与観察による熟練者の特徴を記した研究である。自記式調査票を用いた場合，調査対象者の認知レベルを測定することは可能だが行動レベルを反映しているとは言い難い。自己申告である自記式調査票による検討では限界があると考えられる。参与観察から得られた知見は熟練者の特徴が記述されている側面からみると有益であ

図表1　周産期におけるリスクの程度と病院機能

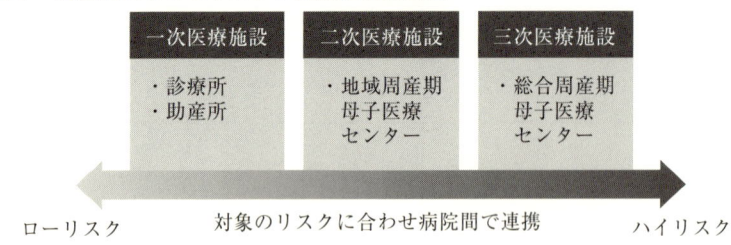

出典　筆者作成

るが，得られるデータ数に限界があるため，結果の一般化を図るには困難であると考えられる。そこで本研究は今日の産科医療に貢献することを目的に，助産師の技能について客観的に測定できる後述の方法を用い，彼らの技能獲得と組織との関係性について検討した。

2．方法―助産師の技能の客観的測定と分析―

　分娩期の特徴とさまざまな調査方法を検討した結果，シナリオを映像化した媒体を用いて助産師の技能を測定することとした。日本医療機能評価機構の許可を得て，同機構に提出された脳性麻痺事例の報告書を基に，「出産に至るまでの診断」，「出産（緊急時）における診断とケア」，「出産後の早期母子接触」に関するシナリオを作成した。データの信頼性は，地域周産期医療母子センター，総合周産期医療母子センターに10年以上勤務し，分娩を300例以上介助している複数の助産師から，①診断とケアの内容，②手順，③実践に要する時間に関するデータを収集，測定結果からカッパ係数を算出した。カッパ係数と文献を照らし合わせた結果，彼らの技能が適切であると判断し，これを助産師の技能の水準とした。技能獲得程度と経験との関係性に関する分析は，前述の助産師の技能水準を基に，①内容・手順の正答率，②実践所要時間の観点から調査対象者の技能獲得の程度を検討した。映像媒体を用いた調査の回答の様子は対象の許可を得て撮影し分析に用いた。

3．結果―助産師の技能と組織との関係性―

　2013年3月12日から同年4月30日までに7名から協力を得た。「出産に至るまでの診断」では，総合周産期母子医療センターに13年間勤務しているAの正答率が最も高く，次いで基礎教育課程を終了したばかりのB，助産基礎教育

1年修了の後に総合周産期母子医療センターに3年間勤務しているCの正答率が高かった。「出産（緊急時）における診断とケア」の正答率は上述の「分娩期第1期の診断」と同様に，Aが最も早く，次いでC，修了生Bが早かった。「出産後の早期母子接触」については就業経験のないB，助産基礎教育1年修了の後に地域周産期母子医療センターに勤務しているDの正答率が高かった。以上の結果から，必ずしも経験年数と技能獲得の程度が一致しないことが見出された。

4．おわりに

現時点ではデータ数に限界があり明言できないが，分娩期の助産師の技能獲得には経験年数ではなく，経験の質と量が関与している可能性が推測された。自立した助産業務の遂行を視野に入れた場合，一定組織内での助産師の雇用では技能獲得に限界があり，計画的に助産師が組織間を異動する必要性があるのではないかと考えられた。

（藤井宏子：県立広島大学）

(2012年度プロジェクト研究「助産師の技能獲得に関する研究―組織と個人の関係性に着目して―」)

【参考文献】

Benner, P.（1984）*From Novice to Expert: Excellence and Power in Clinical Nursing Practice*. Addison-Wesley Publishing Company, Menlo Park（井部俊子・井村真澄・上泉和子・新妻浩三訳（2005）『ベナー看護論新訳版－初心者から達人へ－』医学書院）．
早坂祥子・大槻静子・髙橋清子・髙林俊文（1992）「分娩介助実習における学生の習得状況－分娩介助実習評価表から－」『東北大学医療技術短期大学部紀要』Vol.1, pp.68-75。
丸山和美・遠藤俊子・小林康江（2005）「本学助産学生の分娩介助実践能力の大学卒業時到達度」『山梨看護学会誌』Vol.3, pp. 47-56。
正岡経子・丸山知子（2009）「経験10年以上の助産師の産婦ケアにおける経験と重要な着目情報の関連」『日本助産学会誌』Vol.23, pp. 16-25。
渡邊淳子・恵美須文枝（2010）「熟練助産師の分娩期における判断の手がかり」『日本助産学会誌』Vol.24, pp. 53-64。

総合病院の外来における多職種間のチームワークに関する研究

1. はじめに

　近年、患者の医療に対する意識の高まりなどから、医療の質を向上させることが医療機関の大きな目標のひとつになっている。より良い医療を提供するための方策として、チーム医療の導入が進められているが、医療技術の高度化・複雑化、専門分野の細分化が進展し、医師の知識や判断だけでは適切な医療を提供できなくなっている。つまり、医師を頂点として、その指示に他職種が従う「垂直統合型」ではなく、複数の職種のメンバーが有機的に連携するとともに、自立的に動く「ネットワーク型」のチーム医療（北島, 2012）によって、質の高い医療を提供することが可能になると考えられる。一方、医療をヒューマン・サービスの一種として捉える傾向も強まっている（八代・通産省サービス産業課, 1999）。ヒューマン・サービスにおいては、サービス提供者の熱意や誠意、努力の程度など個人的な要因がサービスの量や質を規定するとともに（田尾, 2001）、サービス提供者の心理的状態がサービスを受けるクライアントの well-being に影響するとされる（Glisson & Durick, 1988）。したがって、質の高い医療サービスを提供するためには、医療従事者自身が職務に対してポジティブな感情や態度をもつ必要があることは想像に難くない。また、多職種間のより良い協働は、医療従事者の満足度を高めるとされている（Knaus et al., 1986）。以上のことから、本研究では、医療機関従事者を対象として、自分自身およびチームメンバーのチームワークに関する認知が、自分自身の職務満足に及ぼす影響について検討することを目的とした。なお、本研究では、「チーム」を「外来において患者サービスを協力・連携しておこなっている他の職種を含めた集団」と定義した。

2. 研究の方法

　インターネット調査会社A社にリサーチ・モニターとして登録している医療機関従事者（医師、看護師、事務職員各618名）を対象として、2012年1月に調

査を実施した。

　チームワークについては，三沢・佐良・山口他（2009）のチームワーク測定尺度を参考に，医師，看護師，事務職員に適用可能な項目を作成し，自分自身を含む3職種のチームワークについて回答を求めた。また，自分自身のチームワーク能力の自覚と職務満足については，独自にそれぞれ3項目を作成した。いずれも「当てはまる」から「当てはまらない」までの4件法で回答を求め，4点～1点を配点した。個人属性については，年齢，性別，職種の経験期間，現在の病院での勤務期間について尋ねた。

3．研究の結果

　分析は，性別，年齢，職種の経験期間，現在の病院での勤務期間を統制変数，自分自身のチームワーク（4下位尺度）と他職種のチームワーク（3下位尺度×2職種）を独立変数，職務満足を従属変数とする階層的重回帰分析（ステップワイズ法）をおこなった。以下に示す結果は，すべて5％水準で有意であった。

　医師の職務満足には，「医師のリーダーシップ（β=.300）」と「看護師のリーダーシップ（β=.215）」が有意な正の影響を及ぼした（$adj.R^2$=.220）。また，看護師の職務満足については，「看護師のリーダーシップ（β=.293）」，「医師のリーダーシップ（β=.263）」，「事務職員の志向性（β=.184）」が有意な正の影響を及ぼした（$adj.R^2$=.318）。事務職員の職務満足には，「医師のリーダーシップ（β=.267）」と「看護師の志向性（β=.420）」が有意な正の影響を及ぼした（$adj.R^2$=.332）。

4．おわりに

　分析の結果，Knaus et al.（1986）が指摘するように，チームワークの認知が職務満足に正の影響を及ぼすことが確認された。ただし，他職種のチームワークからの影響は職種によって異なっており，他職種をチームメンバーと認識している程度に差があることが推察された。つまり，看護師は自分自身，医師，事務職員を同じチームメンバーと認識しているため，すべての職種のチームワークが自分自身の職務満足に影響を及ぼしていたと解釈できよう。それに対して，医師と事務職員は，医師と看護師のチームワークによって自身の職務満足が規定されており，事務職員のチームワークが影響を及ぼしていないことから，事務職員をチームメンバーと認識していないことが示唆された。この結

果は，総合病院におけるチームマネジメントのあり方を考え直す必要があることを示唆する。例えば，外来における『チーム』の定義を改めて明確に提示し，各職種間の『チーム』のとらえ方のズレを是正することが，外来における効果的なチーム医療の推進につながると考えられる。

　今後は，本研究で取り上げた医師，看護師，事務職員以外にも，チーム医療において重要な役割を果たしているメンバーである理学療法士や薬剤師などに対象を広げていくとともに，多職種のチームワークが医療の質に及ぼす影響についても明らかにしていくことが必要であろう。

（江口圭一：立教大学）
（和田良香：広島大学病院）
（田中亮：広島国際大学）

(2011年度プロジェクト研究「総合病院の外来における組織マネジメントに関する研究－Barnardの協働システム理論に基づく検討－」)

【参考文献】

Glisson, C. & Durick, M. (1988) "Predictors of job satisfaction and organizational commitment in human service or ganizations," *Administrative Science Quarterly*, Vol.33, No.1, pp.61-81.

北島政樹（2012）「人に優しいがん医療の現状とチーム医療の展開」『国際医療福祉大学学会誌』Vol.17, No.1, pp.3-9.

Knaus, W.A., Draper, E.A., Wagner, D.P. & Zimmerman, J.E. (1986) "Anevaluation of Outcome from Intensive Care in Major Medical Center," *Annals of Internal Medicine*, Vol.104, No.3, pp.410-418.

三沢　良・佐相邦英・山口裕幸（2009）「看護師チームのチームワーク測定尺度の作成」『社会心理学研究』Vol.24, No.3, pp.219-232.

田尾雅夫（2001）『ヒューマン・サービスの経営：超高齢社会を生き抜くために』白桃書房。

八代尚宏（監修）通産省サービス産業課（編）（1999）『改革始動する日本の医療サービス』東洋経済新報社。

企業におけるセカンドキャリア支援の効果

1. はじめに—研究背景と目的—

　高年齢者雇用安定法が改定され、2013年より60歳の定年後も希望者全員を雇用することが企業に義務づけられた。この背景には厚生年金支給年齢の引上げがあるため、高年齢者雇用は社会的責任に応えるという性質が強いものである。一方で、少子高齢化の進展による労働者の減少のため、高年齢者に重要な労働力として活躍してもらうことも大きな経営課題となっている。こうした経緯から、高年齢者雇用は社会的責任に応えるための雇用から、経営活動に有効な雇用へと転換させていくことが必要となっている。

　現在でも、多くの企業で50歳代の従業員を対象としたセカンドキャリア支援がおこなわれている。みずほ情報総研（2011）がおこなった上場企業294社を対象にした調査では、一定年齢で実施するキャリア制度がある企業は33.6%であり、これらの制度が確立していない企業でも、「キャリア・カウンセリング」、「キャリアの棚卸し」、「ライフプラン等の相談室設置」などの制度を検討していることが報告されている。

　本研究が注目しているのは、キャリア研修やカウンセリングなどの従業員のキャリア成熟（Super, 1984）を高める取組みである。本研究では、これらのセカンドキャリア支援策の有効性と、キャリア支援の結果高まるとされるキャリア成熟度が高齢者の職務態度に及ぼす影響について検討することにした。

2. 調査内容とサンプル属性

　本研究の調査対象者は民間企業に勤務する60歳以上の就業者であり、サンプル回収が困難となることが予想されるため、インターネット調査をおこなうことにした。質問項目は、まず、人口統計的な質問の他、職業やキャリア支援の状況などを尋ねた。次に、人生、職業、余暇の各キャリア成熟尺度（坂柳, 1999）、職務態度（職務満足, ジョブ・インボルブメント, 離転職意思）について5件法で尋ねた。回収された有効回答数は650であり、すべて男性であっ

た（平均年齢：63.1歳，SD=2.8）。

3．セカンドキャリア支援経験有無によるキャリア成熟度の違い

図表1　セカンドキャリア支援と勤務先変化による職業キャリア成熟の違い

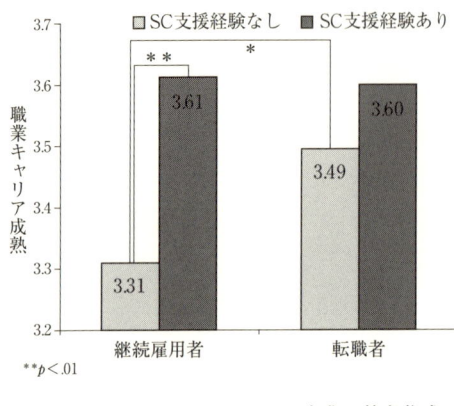

出典　筆者作成

企業でのセカンドキャリア支援経験の有無によって，キャリア成熟度に違いがあるかについて分析をおこなった。その結果，定年退職後も同じ会社で働いている場合，キャリア支援経験者は，未経験者と比較していずれのキャリア成熟度も有意に高かった。一方，転職者にはこれらの差はみられなかった。また，転職者のキャリア成熟は継続雇用者と比較して有意に高かった。図表1は職業キャリア成熟の変化を比較したグラフである。

4．キャリア成熟が職務態度に及ぼす影響

各キャリア成熟が高年齢者の職務態度に及ぼす影響について検討するため，キャリア成熟を独立変数，職務態度を従属変数とする重回帰分析をおこなった。その際，年齢，配偶者の有無，転職の有無，会社規模をコントロール変数とし，それらの影響を制御した。分析結果は図表2に示すとおり，職業キャリア成熟はいずれの職務態度にもポジティブな影響を及ぼしていた。しかし，他のキャリア成熟はジョブ・インボルブメントと離転職意思に対してネガティブな影響を及ぼすことが示された。

5．おわりに―セカンドキャリア支援の効果と課題―

以上の分析結果から，セカンドキャリア支援は高年齢従業員のキャリア成熟度を高める可能性が示唆された。また，これらの従業員に対するキャリア支援で高まった職業キャリア成熟は，高年齢従業員の仕事のモチベーションを高める可能性も示唆された。

これまでの支援策は，対象者に「残留」か「転進」，「再就職」か「定年退

図表2　キャリア成熟が高齢従業員の職務態度に及ぼす影響

従属変数	職務満足		ジョブ・インボルブメント		離転職意思	
	Step 1	Step 2	Step 1	Step 2	Step 1	Step 2
(コントロール変数)						
年齢	.054**	.041**	.062**	.050**	-.047**	-.039**
配偶者	.087	.057	-.013	-.014	-.242	-.236
勤務先変化	-.045	-.117	-.104	-.186**	-.023	.025
従業員規模	.013	-.024	-.059	-.084*	-.104	-.085
(従属変数)						
人生キャリア成熟		-.158		-.338**		.338*
職業キャリア成熟		.616**		.773**		-.498**
余暇キャリア成熟		-.122		-.202*		-.006
R^2	.029**	.155**	.044**	.205**	.026**	.069**
ΔR^2		.126**		.161**		.043**
F値	4.885*	31.901**	7.469**	43.274**	4.268*	9.850**

** $p < .01$, * $p < .05$

出典　筆者作成

職」の判断機会の提供の場となっており，企業の人員計画上のメリットは大きい。しかし，高年齢者を戦力化するためには，改めて支援方法の検討が必要であるといえる。高年齢者に求められる後進指導という役割は，職業経験を他者から認められることでもあり，仕事が生きがいとなる可能性が高い。企業におけるセカンドキャリア支援は，このような高年齢者の役割期待を意識した取組が必要であるといえるであろう。

（小玉一樹：株式会社フレスタ・広島大学大学院博士課程後期）

（2013年度プロジェクト研究「高齢者雇用の人材マネジメント」）

【参考文献】

みずほ情報総研（2011）『「産業構造転換と雇用・人材育成政策に関する調査（中高齢者の「第二の人生」調査・情報発信事業）」報告書』経済産業省。
坂柳恒夫（1999）「成人キャリア成熟尺度（ACMS）の信頼性と妥当性の検討」『愛知教育大学研究報告』48, pp.115-122。
Super, D.E. (1984) *Career & Life Development*. In Brown, D & Brooks, L. (Eds.) Career Choice and Development. Jossey-Bass.

人材グループ別人的資源管理の構築に関する研究

1．はじめに

　本研究は，筆者が合併後の企業の人事担当責任者として人事制度の統合および再設計に携わっていく中で，従業員のモチベーションに関し2009年に社会人大学院で研究した後のフォローアップ研究である。

　筆者が大学院で研究をおこなったのは，デフレ下において多くの企業で進められた人事施策の問題点につき議論が高まっていたときであった。筆者の勤務するＡ社では定型業務の非正規従業員へのシフトが進み，多様な雇用形態の従業員が共に働く中で，いかにして従業員の働く意欲を高めるかが課題となっていた。その課題解決のための人事施策を考えるには，モチベーションの理論とともに企業の実態と目的に合った調査・分析の方法を学び，実施する必要があると考えたことが大学院での研究のきっかけであった。

2．社会人大学院での研究

　大学院では，従業員のモチベーションに対する影響因は，雇用形態により異なるのではないかとの問題意識のもと，従業員のモチベーションに対する影響因の差異を正規従業員，有期雇用フルタイム従業員およびパートタイマーの3つの雇用形態別に分析した。

　研究方法は，先行研究をもとに質問紙調査を実施し，得られた結果をもとに因子分析と雇用形態別の階層的重回帰分析をおこない影響因の差異を確認した。その結果，職務満足が全ての雇用形態で影響因であることが確認できた。雇用形態別では，正規従業員では経営者・会社方針の理解・満足が，有期雇用フルタイム従業員では上司・リーダーや経営者・会社方針の理解・満足度が，そしてパートタイマーでは，処遇納得感や労働環境満足が影響因であった。

　この研究結果をもとに，Ａ社ではそれぞれの雇用形態の従業員のワーク・モチベーションに影響するとされた満足度を向上させると考えられた人事施策を実施したが，すぐには顕著な効果は表れず，さらなる分析や施策が必要となった。

3．マネジメント研究センタープロジェクトでの研究

　マネジメント研究センターでの研究目的は，多様化が進む雇用形態に対応した人的資源管理（HRM）を模索することであった。具体的課題は，(1)前回の研究で明らかになった雇用形態別モチベーション構造の差異に，その後変化は生じたのか，(2)モチベーション以外に業績に影響を与えると想定されるHRM成果はどのようなもので，その影響因は雇用形態により異なるのか，の2点である。研究は，メンバーが過去に実施した調査結果とHRM研究の専門家の助言をもとに，HRM施策とHRM成果の変数を設定し，前回同様，質問紙による調査と結果の因子分析，階層的重回帰分析による方法でおこなった。研究のモデル図と分析結果は図表1および図表2のとおりである。

図表1　課題（2）分析のモデル

```
┌─────────────────────────────────────────────────────┐
│  ┌──────────┐         ┌──────────┐                  │
│  │ HRM施策  │ ──────→ │ HRM成果  │                  │
│  └──────────┘    ↑    └──────────┘                  │
│                                                     │
│  昇進機会の確保   ┌────────────┐  内発的モチベーション │
│  業績主義的運用   │  組織風土  │  組織コミットメント   │
│  雇用保障         │経営方針理解│  （情緒的・規範的）   │
│  教育訓練への積極さ└────────────┘  職務満足           │
│  組織公式化      【組織風土】【経営方針】組織的公平性 │
│                   協力の風土　ビジョン・              │
│                   発展の風土　経営方針理解            │
└─────────────────────────────────────────────────────┘
```

出典　筆者作成

図表2　HRM成果に影響を与える要因一覧（雇用形態別）

		内発的モチベーション			情緒的コミットメント			規範的コミットメント			職務満足			組織的公平性		
		正規従業員	有期フルタイム	パートタイマー	正規従業員	有期フルタイム	パートタイマー	正規従業員	有期フルタイム	パートタイマー	正規従業員	有期フルタイム	パートタイマー	正規従業員	有期フルタイム	パートタイマー
HRM方針	昇進機会の確保				○			○			●					
	業績主義的運用		○													
	雇用保障	○		○			○			○			○			
	教育訓練への積極さ				●	●										
組織公式化	公式化	●			●						●					
組織風土	協力の風土				○											
	発展の風土	○			○											
経営方針	ビジョン・経営方針理解	○	○		○			○								

注）○は正の影響，●は負の影響

出典　著者作成

4．研究のまとめ

第1の課題について，2009年と同様の分析をおこなった結果からは，モチベーション構造に大きな変化はないことが確認できた。

第2の課題については，まず，昇進機会の確保と業績主義的運用がすべての雇用形態の者の組織的公平性の認知に影響を与えていた。次に雇用形態別に第1の課題の分析結果と合わせてみると，正規従業員では，昇進機会の確保，協力的風土および経営方針理解が情緒的コミットメントと職務満足に影響していた。特に，経営方針理解は，組織的公平性を除く4つのHRM成果に影響していた。また，有期雇用フルタイム社員のモチベーションやその他のHRM成果に影響を与えるのは，上司・リーダーと経営者・経営方針であり，パートタイマーでは上司・リーダーと雇用保障であった。

これらの結果から，今後取るべき望ましいHRM施策としては，正規従業員や有期雇用フルタイム従業員に対しては，経営者がビジョン・経営方針を機会があるごとに語り，説明し，理解の促進を図ることが重要と考える。また，有期雇用フルタイム従業員やパートタイマーに対しては，上司・リーダーが面談などを通じて仕事上の問題を的確に把握し速やかに解決し，会社の施策などをわかりやすく説明する機会を多くもつことが重要であると考える。

5．おわりに

今後，労働法の改正や60歳以降の雇用継続等の外部環境の変化は雇用形態へ影響し，その結果，さまざまな雇用形態で働く者の意識も変化することが予想される。そのような状況下で企業が業績を維持・向上させるには，それぞれの雇用形態の者が働きやすい環境を整え，意欲向上が図られる施策を考え，実施していく必要がある。本研究において実施したような調査・分析により課題を明らかにし，有効と考えられる施策を実施して効果を検証していくというプロセスは，これから企業にとってますます重要になってくると考える。

（安藤正人：マツダエース株式会社）

（2011年度プロジェクト研究「人材グループ別人的資源管理の構築に関する研究」）

戦略的意思決定適性の研究
―意思決定能力のマネジメント―

1. はじめに

　企業経営環境の不確実性が強まる中で，高い業績を上げるためには，その組織のもつ戦略的意思決定力が重要といわれる。この戦略的意思決定は，Ansoff & McDonnell（1990）の意思決定階層モデルによれば，組織のトップマネジメントのおこなう非構造的で不可逆的な意思決定と定義される（図表1）。

図表1　意思決定階層モデル

トップ・マネジメント	**戦略的意思決定（非構造的）** M&A，新分野進出など企業全体に関わる重要な戦略的問題を扱う。繰り返されることが少なく，マニュアルが無い。
ミドル・マネジメント	**管理的意思決定（半構造的）** トップマネジメントが設定した全社的，基本的戦略を受けて，部門における実現施策。戦術レベル。
ロワー・マネジメント	**業務的意思決定（構造的）** 与件目標を前提として，スケジュール決定などの実際の業務遂行の問題を対象。定例的・定型的。戦闘レベル。

出典　Ansoff & McDonnell（1990）をもとに筆者作成

　意思決定に関する研究は，意思決定課題，意思決定行為，さらに意思決定支援まで広がりをもつ。しかしながら，戦略的意思決定に特定すると，意思決定課題や意思決定支援が中心であり，「戦略的意思決定をおこなう意思決定階層（戦略層）に要求される適性とは何か？」は体系化されていない。本研究では，先行研究（竹本，2013）を出発点としてこの適性のモデル化を目指した。

2. 戦略的意思決定適性のモデル骨格

　経営者要件研究やリーダーシップ研究等の関連領域の先行研究を参考に，戦略的意思決定適性モデルの骨格を，「意思決定スタイル（個人特性や様式，態度）」，「意思決定スキル（技術）」，「意思決定意志（意欲や意志，意思決定を支える心理的エネルギー）の3次元とした（図表2）。この内，意思決定意志につい

ては，戦略層と管理的意思決定階層（管理層）の各3名へのインタビュー調査をおこなった。戦略層の意思決定は中長期に渡って企業に影響を与える性質があり，その重い意思決定をやりきる心理的エネルギーは，満足感ではなく使命感から構成されていることがわかった（図表3）。

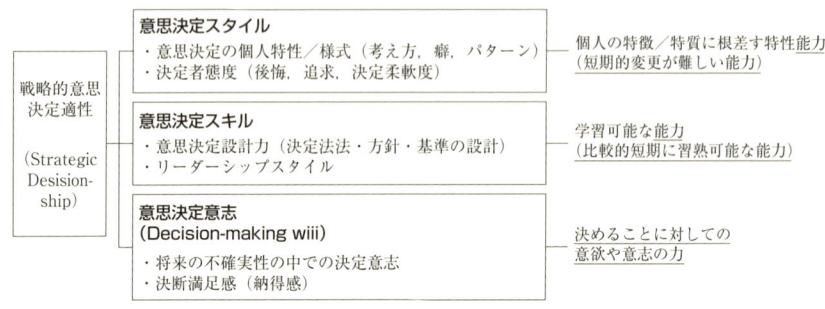

図表2　戦略的意思決定適性モデル（3次元の骨格）

出典　筆者作成

図表3　インタビュー調査まとめ（戦略層と管理層の対比）

	インタビューからの特徴サマリー，キーワード		
	意思決定に対しての満足の有無	意思決定時の感情・心理状態	意思決定の評価／振り返り視点
戦略層	・満足感は無い	・迷い／不安 ・悪いことを考える ・責任／使命感	・企業の永続性 ・人材育成 （定量評価しにくい尺度）
管理層	・満足感はあまり無い ・自信を持てた時は納得／満足	・迷い／不安 ・納得	・自らの目標に対する感度 ・投資の効果 （定量化可能な尺度）

出典　筆者作成

　さらに，戦略層10名，管理層10名，業務的意思決定階層（業務層）17名にアンケート予備調査し，各階層の有意差の有無を調べるため一元配置の分散分析をおこなった。その結果，以下の3要素において5％水準で有意な差が認められ，この要素が戦略層の特徴であることがわかった。
・外向性度（物事への関心の広さ）：$F_{(2,34)} = 3.348$, $p<0.05$
・意思決定フレーム貫徹力（決め方を決めることよりも，決めることを重視）：$F_{(2,34)} = 3.682$, $p<0.05$
・職務使命感（自分の仕事への自尊心）：$F_{(2,34)} = 7.921$, $p<0.001$

3．戦略的意思決定モデル分析結果と今後の展望

　前述の知見を基礎として本研究では，戦略的意思決定適性尺度を"知性と胆

力"の2側面で経営者に自己評価してもらう質問をアンケートに織り込んだ。2013年4‐5月に,東広島・福山地区の計212人の経営者(社員30名以上の製造業株式会社)宛てに70問で構成されるアンケートを郵送し,125件の回答を得た(回収率=57.5%)。その内,経営層(執行役員以上)が回答した欠損値のない98件を分析対象とした。戦略的意思決定適性(胆力)を探索的重回帰分析によってモデル化した結果を図表4に示す。

図表4 戦略的意思決定適性(胆力)の重回帰分析結果

意志決定スタイル
- 意思決定貫徹力 .42**
- 外部環境認識(予見思考) .30*

意志決定スキル
- リーダシップスタイル(協調性) −.22*

意志決定意志
- 覚悟 .52***
- 職務使命感 .48*

戦略的意思決定適正(胆力) $R^2=.41$

$***p<0.001$
$**p<0.01$
$*p<0.05$

出典 筆者作成

このモデルからは,①意思決定への高い貫徹力(決めない選択肢をもつ柔軟性とは逆の特性),②外部環境は予見不可能という認識スタイル(正確な予測よりも,混沌とした未来への対処を重視),③指示型リーダーシップスタイル,④強い覚悟(失敗に対しての責任意識),⑤高い職務使命感(仕事に対しての自尊心)が,戦略的意思決定適性(胆力)の要素になっていることが示唆された。現在は,クラスター分析などの多変量解析を継続している。説得性のある適性モデル,考察知見を整理し社会還元したい。将来的には,企業業態や地域性等の特徴探求を通して,より広範に知見を残すことも,本プロジェクト活動の発展的な価値であり研究使命でもあると考えている。

(竹本 崇:マツダ株式会社)

(2012年度プロジェクト「研究戦略的意思決定適性の研究」)

【参考文献】

Ansoff, H.I. & McDonnell, E.(1990)*Implanting Strategic Management*. Prentice-Hall International Ltd.
竹本 崇(2012)「企業における戦略的意思決定についての研究―戦略的意思決定能力モデルの構築と検証―」『組織学会2012年度報告要旨集』pp.137-140。

職務行動促進モデルの国際比較
―日本とタイにおける製造業労働者を対象に―

1．はじめに

　日本企業のアジアへの進出は，1985年のプラザ合意以降，幾度かの隆盛と停滞を繰り返しながら，増加してきた。なかでも ASEAN 地域の中心地であるタイには，アジア市場の戦略的中核地域として，多くの製造業が生産拠点を構えている。このような状況を経営学研究の立場から見ると，現地の社会システムに適応した組織マネジメントの構築が求められると意義づけることが出来る。ところが，タイを中心とした ASEAN 諸国における日系企業のマネジメントを論じた研究は，理念的あるいは定性的な議論がなされていることが多く，実証データを元に検討をおこなった研究は数少ない。
　そこで本研究では，日本およびタイにおける製造業労働者を対象に，彼（彼女）らの業績寄与行動に影響を与えるマネジメント施策を明らかにする。そのうえで両国における効果的施策の差異を検討することを通じて，各々の社会に適したマネジメント構築に対し一定の貢献を果たしたいと考える。

2．分析の枠組みと仮説

　本研究の分析枠組みは以下の通りである。まず，成果変数としての業績寄与行動に OCB（援助行動）と改善行動を設定した。次に，媒介変数としての労働者のモラルに組織（情緒的）コミットメントとキャリア満足を設定した。最後に独立変数としての HRM 施策や組織マネジメントに，評価と処遇の公正さ，雇用保障，ワークライフバランス（WLB），上司のサポートを設定した。これらの関係をモデルで示すと，図表1のようになる。

3．調査対象と分析方法

　調査は2013年7月にコンサルタント会社を経由し実施された。日本側調査は，日本国内の製造業に勤務する225名，タイ側調査はタイ国内の製造業に勤務する235名を対象とした。平均年齢は日本側36.2歳，タイ側41.1歳，職位は双方と

も非管理職層である。分析方法は，各変数に対して因子分析をおこない，因子抽出後に階層的重回帰分析を実施した。

図表1　分析モデル

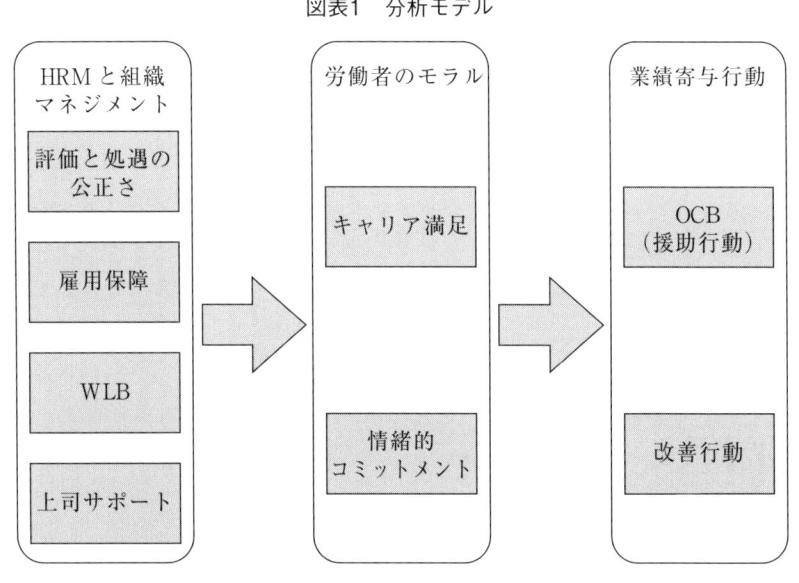

出典　筆者作成

4．分析結果

(1)　日本側調査結果

日本側の分析結果は以下の通りである。①評価と処遇の公正さは，情緒的コミットメントを経由して，援助行動に対し有意に正の影響を与えていた。②雇用保障は，情緒的コミットメントを経由して，援助行動に対し有意に正の影響を与えていた。③評価と処遇の公正さは，情緒的コミットメントを経由して，改善行動に対し有意に正の影響を与えていた。④評価と処遇の公正さは，キャリア満足を経由して，改善行動に対し有意に正の影響を与えていた。⑤雇用保障は，情緒的コミットメントを経由して，改善行動に対し優位に性の影響を与えていた。

以上の結果から，評価と処遇の公正さや雇用保障は，情緒的コミットメント或いはキャリア満足を経由して，援助行動や改善行動に影響を及ぼす一方，WLBや上司のサポートは，これら行動に影響を与えていないことが明らかに

された。

(2) タイ側調査

　タイ側の分析結果は以下の通りである。①WLBは，情緒的コミットメントを経由して，援助行動に対し有意に正の影響を与えていた。②上司のサポートは，情緒的コミットメントを経由して，改善行動に対し有意に正の影響を与えていた。③WLBは，情緒的コミットメントを経由して，改善行動に対し有意に正の影響を与えていた。

　以上の結果から，WLBや上司のサポートは情緒的コミットメントを経由して，援助行動や改善行動の影響を及ぼす一方，評価や処遇の公正さや雇用保障は，これらの行動に影響を与えていないことが明らかにされた。

5．考察と結論

　以上のように今回の調査では，日本とタイにおいて対照的な結果を示した。日本においては，施策評価や処遇の公正さや雇用保障などHRM施策の完成度をあげることが，労働者のモラルを高め，業績寄与行動を促進することに重要な役割を果たしている。しかし，タイにおいては，HRM施策の完成度を高めるよりも，組織が労働者のWLBを十分に考慮し，上司が部下の仕事やその他の面まで配慮し，支援的役割を果たすことが，労働者のモラルを高め，業績寄与行動を促進している。今回の調査結果を解釈すると，日本企業がタイに進出し，現地に適応したマネジメントを構築する際，国内の場合と異なり，HRM施策の精緻化よりも先に，労働者の生活面を含めたサポート体制を確立する等のマネジメント施策を充実させることが重要であると言えよう。

（原口恭彦：広島大学）

【参考文献】

Guest, D.E. (1997) "Human Resource Management and Performance: a Review and Research Agenda," *International Journal of Human Resource Management*, Vol.8, No.3, pp.263-281.

厳しきリーダーが信頼される条件
―医師,看護師,医療事務職を対象とする調査データから―

1. 上司の厳しさが効果をもつ条件

　部下を褒めて伸ばすべきか叱って育てるべきか。この問いに「状況に応じそれらを使い分けるべき」と答えられる場面をしばしば目にする。しかし,リーダーシップ研究を概観すると,(状況に即して)褒めることは確かに部下の業績を高めるが,叱ることが部下の業績を高めるとは限らない(Podsakoff et al., 2006)。たとえ能力以下の働きぶりだからと部下を叱っても彼/彼女のやる気・業績が高まるとはいえないのである。なぜか。その背景の1つには,上司の厳しさが受け手となった部下あるいは目撃した部下に不快を生じさせ,それが部下から上司への信頼を損ねてしまうプロセスがあると指摘できる。よって,部下の成果向上に上司の厳しさが効果をもつためには,それが部下からの信頼を高めるための条件を見いだす必要がある。本稿では,対人関係に関する侵害研究の知見(Risen & Gilovich, 2007)を援用し,次の2つの条件の有効性について実証する。

　第1は,罰の受け手である部下と上司との関係の近さ(親しさ)である。状況に即したものであっても罰の受け手は時に自分がなぜ叱られたのかを明確に読み解けない。「嫌われているから(叱られた)」といった誤解をしてしまうことがあるのである。この場合,相手との間に親しい関係性を構築できていると上記のような誤解が生まれにくく,結果として本来の罰の対象であった自身の職務行動を反省しやすい一方,上司の叱る理由や意図も見いだしやすいだろう。

仮説1a　上司と親しい場合には上司から罰を受けるほど(被行使)上司に対する信頼が高めるだろう。第2は,観察者視点からみた罰の公正さである。上司による罰の行使はその受け手だけでなく,それを目撃(観察)した部下の働きぶりや彼らから上司への信頼にも影響する。この場合,罰の直接的な受け手でない分,上司との親しさではなく罰が公正なものかどうかが影響しやすい。

仮説1b　上司からの罰が公正な場合,上司からの罰を観察するほど上司への信頼が高まるだろう。

　本稿では医療関係者を対象とする。一般に規模が小さい病院ほど上司と部下

との接触頻度が多く，またその相互作用が他の相互作用に占める相対的な重要性も高まると予測できる。**仮説2a/2b** 仮説1の効果はそれぞれ病院の規模が小さい場合に顕著になるだろう。

2．データの概要と分析の結果

対象者 病院に勤務する者1854名（平均年齢40.6歳（SD=9.8），医師・看護師・事務職それぞれ618名）を対象とした。

手続き 2011年1月に調査会社Aにモニター登録している医療機関従事者を対象として実施．回答者はウェブサイトで回答した。

変数 ①上司に対する信頼「私は上司に全幅の信頼を置いている」など2項目，②上司との親しさ「私は上司に対して個人的に親しみを感じる」，③上司の行使する罰の公正さ「理不尽な理由で私や同僚が上司から叱責を受けることがしばしばある（逆転）」，④罰行動の被行使「私が元々もっている能力以下の働きをした場合に，上司から叱責を受けることは，かなりある」，⑤罰行動の観察（④の項目主体を「同僚」と修正し使用），以上4件法，⑥病院の規模無し（1点）～501床以上（5点）。

図表1　リーダーによる罰行動の被行使と観察がリーダーへの信頼にもたらす影響

変数名	Step1	Step2	Step3
切片	2.577**	2.560**	2.561**
上司との親しさ	0.688**	0.688**	0.687**
罰行動の被行使	0.057*	0.054*	0.052+
罰行動の観察	0.043+	0.040	0.043+
罰の公正さ	0.120**	0.123**	0.124**
病院の規模	−0.025*	−0.024*	−0.022+
①罰行動の被行使×上司との親しさ	0.060*	0.062*	
罰行動の観察×罰の公正さ	0.034	0.025	
罰行動の観察×上司との親しさ	−0.031	−0.034	
罰行動の被行使×罰の公正さ	−0.068**	−0.061*	
上司との親しさ×病院の規模	0.008	0.008	
罰行動の被行使×病院の規模	0.005	0.002	
罰行動の観察×病院の規模	−0.003	0.000	
罰の公正さ×病院の規模	−0.007	−0.010	
罰行動の被行使×上司との親しさ×病院の規模	−0.016		
②罰行動の観察×罰の公正さ×病院の規模	−0.039*		
罰行動の観察×上司との親しさ×病院の規模	0.015		
罰行動の被行使×罰の公正さ×病院の規模	0.037+		
R2	.641**	.645**	.648**

表中の値は非標準化係数　**$p<.01$，*$p<.05$，+$p<.10$

出典　筆者作成

分析結果 リーダーへの信頼を基準変数とする階層的重回帰分析をおこなった。説明変数を含めた個々の結果は図表1の通りである。

表中①の交互作用効果について上司と親しい場合には被行使図表2 3要因交互作用結果の下位検定結果が信頼を高めたが（b=0.11, p<.01），親しくない場合には高めなかった（b=-0.01, p=.87）。仮説1aは支持された。また表中②の交互作用効果（図表2）も有意であり仮説2bは支持された。

図表2　3要因交互作用結果の下位検定結果

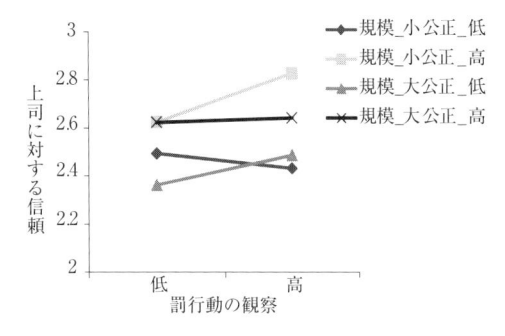

凡例：規模_小公正_低、規模_小公正_高、規模_大公正_低、規模_大公正_高

縦軸：上司に対する信頼
横軸：罰行動の観察（低・高）

出典　筆者作成

3．結果のまとめと考察

被行使に関しては病院規模にかかわらない仮説1aのみが支持され，観察に関しては規模に依存した仮説2bのみが支持された。他に予測しなかった交互作用に関する結果として，被行使×公正さ×規模も有意に上司への信頼を説明した。これは，規模の小さい病院において，公正に罰することのない上司が（能力以下の働きをした）自身を叱りもしない場合に，回答者がその上司を信頼できなくなることを反映していた。

厳しさに親しさと公正さという2条件が伴うことによりリーダーは部下からの信頼を得ることができ，その厳しさが集団全体のパフォーマンスを高めうることが，医療従事者に対するプロジェクト調査の結果から示された。

（相馬敏彦：広島大学）

【参考文献】

Risen, J.L. & Gilovich, T.（2007）"Target and Observer Difference Sin the Acceptance of Question Ableapologies," *Journal of Personality and Social Psychology*, Vol.92, pp.418-433.

Podsakoff, P.M., Bommer, W.H., Podsakoff, N.P. & MacKenzie, S.B.（2006）"Relationships between Leader Reward and Punishment Behavior and Subordinate Attitudes, Perceptions, and Behaviors: A Meta-analytic Review of Existing and New Research," *Organizational Behavior and Human Decision Processes*, Vol.99, pp.113-142.

イノベーターとしてのリードユーザーとその活用

1．はじめに

　本稿では，新製品開発における「ひと」に焦点を当てる。ここで取り上げるのは，イノベーションを生み出すユーザーである。本稿では，ユーザーイノベーションの発生原理や開発プロセスの違いを通じて，企業がこの「ひと」を活かすには，どのような点を考える必要があるのかを検討したい。

　はじめに，本稿におけるユーザーイノベーションとは，メーカーではなくユーザーがイノベーションを生み出すことを指す。ここでのユーザーは，アイデアや情報の源泉としてではなく，ニーズの識別から開発，プロトタイプの試作，製品化までのイノベーションプロセス全般を一手に担うのである。科学機器から消費財まで，さまざまな分野においてユーザーによるイノベーションが確認されており，近年インターネットの普及を背景にますますこうしたイノベーションが活発になっている（小川，2013）。以下では，そもそもなぜユーザーがイノベーションを生み出すのかという疑問からスタートしたい。

2．リードユーザーによるイノベーション発生の原理

　イノベーションを生み出すユーザーの中でも，特に商業的に魅力の高い製品を生み出す者をリードユーザーと呼ぶ（von Hippel, 2005）。彼らは，市場で今後一般的になるニーズに現在直面しており，その解決によって便益を得ることが可能なユーザーである。ここでは，なぜリードユーザーがイノベーションを生み出すのか，また生み出すことが可能なのかという問いについて考えたい。この問いに対して，理論的には現在2つの仮説が提示されている。1つ目は期待利益（Expected benefits）仮説である。これは，イノベーションを生み出す理由に関するもので，なぜメーカーだけでなくユーザーやサプライヤーといったプレイヤーもイノベーションを生み出すのかという問いに対する答えとなる。期待利益仮説において，イノベーションを生み出すのは，そこから最も多くの利益（benefit）を得られる可能性のある者と考える。ここでの利益には

経済的利益以外に，喜びや楽しみとった非経済的なものも含まれる。この仮説において，ユーザーがイノベーションを生み出すのは，彼が当該イノベーションを生み出すことで最も多くの利益を得られる可能性が高いと判断するためである。2つ目が情報の粘着性（information stickiness）仮説である。情報の粘着性とは，ある一定単位の情報を，その情報探索者に利用可能な形で，ある特定の場所へ移転するのに必要な増分費用と定義される（von Hippel, 1994）。この費用が高い場合には情報の粘着性が高いとされる。この概念がイノベーションの発生場所を説明する論理は以下のとおりである。一般的に，イノベーションを生み出すには，技術に関する情報とニーズに関する情報を，問題解決能力を有する者のいる場所に集めることが必要となる。しかし，粘着性の高い情報には，移転に際して高額の費用が発生するため，これを避けてイノベーションは粘着性の高い情報の存在する場所で発生する。通常，粘着性の高い技術系の情報はメーカー側に，ニーズ系の情報はユーザー側に存在する場合が多い（小川，2000）。メーカーがある製品を開発する際には，体系的で高度な技術情報が必要となる。対して，当該製品を使用するユーザーは，製品に対してさまざまな個別ニーズを持っており，また能力や使用方法が個人的なものであることから，彼らは粘着性の高いニーズ情報を豊富にもつものと考えられる。技術系の情報の粘着性が低く，ニーズ情報の粘着性が高い場合，技術情報の移転が容易なため，粘着性の高いニーズ情報を有するユーザーがイノベーションを生み出す可能性がある。つまり，イノベーションに必要な粘着性の高い情報がユーザーの側に存在する時には，ユーザーが当該イノベーションを起こす場合が多いと考えられるのである。

3．リードユーザーイノベーションのプロセス

　ここまでの議論から1つの結論が導き出せよう。それは，「ユーザーにはイノベーションを生み出す力がある」，という点である。全てのユーザーではないにせよ，実際に多くの分野においてリードユーザーによるイノベーションが観察されている。市販されているメーカーの製品の中にも，実はユーザーが生み出したイノベーションがもとになっているケースは多い。こうした「ひと」の力を活かすためのマネジメントが，企業に求められている。企業が発見しなければ，ユーザーイノベーションの多くは企業の外部に埋もれたイノベーションである。すでに，ユーザーがイノベーションを生み出す力を前提としたさま

ざまな手法が検討されているが、問題はユーザーイノベーションの中にもタイプの異なるものが存在することである。筆者の研究では、ある製品を対象としたユーザーイノベーションのプロセスにおいて、そこに一般ユーザーが参加してコミュニティが形成されるか否かと、ある製品を対象にリードユーザー以外のユーザーの独自開発が生じるか否かによって、その開発プロセスに大きな違いが生じた。たとえば、Linuxのようなユーザーイノベーションのケースでは、リードユーザーを中心に非公式の階層的コミュニティが形成され、またリードユーザー以外のユーザーによる独自開発もみられたが、ある種の消費財や科学機器の開発ケースでは、リードユーザーが単独で開発をおこない、コミュニティも、また他のユーザーによる独自開発もみられなかった。

4．おわりに

　上記の点から、企業にはユーザーイノベーションのタイプによって異なった手法が求められる可能性がある。こうしたユーザーによるイノベーションは、企業の論理とは別のところでおこなわれる。彼らを管理、操作するのではなく、彼らの開発プロセスにあわせて、コミュニティが形成される場合には支援や開発を促す介入をおこなったり、彼らがコミュニティ形成を容易におこなえるようなプラットフォームを用意する必要があろう。また、単独で開発がおこなわれる場合には、いかにそうしたユーザーを早期に発見できるかが重要になる。企業には、ユーザーのイノベーションプロセスに沿って、彼らを上手く支援するような手法の組合せが求められている。

（中村友哉：広島大学マネジメント研究センター）

【参考文献】

小川　進（2000）『イノベーションの発生論理』千倉書房。
小川　進（2013）『ユーザーイノベーション―消費者から始まるものづくりの未来―』東洋経済新報社。
von Hippel, E.（1994）"'Sticky Information' and the Locus of Problem Solving: Implication for Innovation," *Management Science*, Vol.40, No.4, pp.429-439.
von Hippel, E.（2005）*Democratizing Innovation*. The MIT Press.

看護職のモチベーションは何によって高まるのか

1. はじめに

　看護職をとりまく環境は，社会とともにめまぐるしく変化しており，それに伴って看護職に求められる役割も，より高度に，そして複雑になってきている。

　看護職が社会の期待に応えるために，看護職の能力を高めるための法制度の整備，教育やキャリア開発に関する取り組みなどが数多くなされており，看護職個人も能力維持・向上に向けたより一層の努力を求められている。

　たしかに，能力維持・向上に向けた努力は看護職個人の責任および責務であり，当然のことである。しかし，身体的にも精神的にも過酷な労働環境に置かれている看護職が，能力維持・向上のための努力を続けることはそう簡単ではない。程度はあろうが，どこの組織にもやる気を失った看護職がいるのが現状である。院長，看護部長や看護師長など看護職をマネジメントする管理者にとって，所属する看護職のやる気，つまりモチベーションの維持・向上は重要な課題である。

　管理者がどのような関わりや職場環境づくりをすれば看護職のモチベーションは高まるのか。これらを扱った研究は数多くあり，すでに抽象レベルの異なる多種多様な要因が検証されている。本研究では，それらの研究結果を分類していく。

　なお，モチベーションの類似概念に「職務満足」がある。その違いについては他に譲るが，職務満足が高ければ，職務に対して積極的に取り組もうとする，つまりモチベーションが高い状態にあると考えられることから（林，1985），本研究では職務満足に関する研究結果も合わせて提示していくことにする。

2. 人・組織

　看護職が普段仕事上で接する人・組織は，①病院組織や看護部，②病棟師長・副師長（直属の上司），③同僚，④医師，⑤患者・家族，である。組織の規模によって関わる程度に違いはあるし，他にもさまざまな職種が関係するが，

影響力や接する頻度が高いのは以上の5つであろう。先行研究によれば，この5つはいずれもモチベーションあるいは職務満足に影響することが指摘されている。しかし，すべて同じように影響するわけではない。

佐野・平井・山口（2006）では，中堅看護師は病棟メンバーからの支援によって仕事意欲を高めていたが，なかでも経験年数3〜5年目では同僚の支援，6〜8年目では先輩の支援が影響しており，どちらかといえば経験年数を経るにつれて自分より上の立場にある看護師の支援を必要とする傾向が見出されている。また，太田（2011）は口頭や文書で褒めたり認めたりする「承認」がモチベーションを高める効果について検証している。そして，クライアントである患者・家族からの承認は，短期的な喜びや働きがいを感じることはできるが，長期的なモチベーションにはつながらないことが指摘されている。一方で，同じ（セミ）プロフェッショナルである医師や看護職から自分の能力，姿勢，判断などを褒められたり認められたりしたときに，自信がついたり意欲が湧いたりしたという。つまり，プロフェッショナルである看護職のモチベーションを高めるには，自分の能力や仕事の実績を理解し評価できる人々，すなわち同じプロフェッショナルである医師や看護職からの承認が重要であるといえる。

このように，看護職のモチベーションに対する影響は，誰からの関わり，あるいは誰への関わりかによって異なっている。しかし，それらを量的に比較した研究は少なく，今後の課題である。

3．仕事そのもの

仕事そのものに動機づけられ，働くことそのものを生きがいとすることを内発的動機づけと呼ぶ（田尾，1999）。プロフェッショナルは金銭的な報酬や人間関係によってではなく，仕事それ自体のために働くように内発的に動機づけられていると言われている（田尾，2001）。看護職は（セミ）プロフェッショナルであり，その仕事内容は，詳細はともかく世間一般に広く知られている。その上で看護職の仕事に魅力を感じ，高校あるいは専門学校，大学から学んでいるのであるから，仕事そのものに動機づけられやすい職業であるといえよう。実際に，仕事への達成感や能力の向上，専門性を高める機会や自律的に仕事をする機会などがモチベーションを高める要因として指摘されている。

4．仕事の成果

　上述したように，プロフェッショナルは金銭的な報酬や人間関係によってではなく，仕事自体のために働くよう動機づけられているといわれる。とはいえ，給与も看護職のモチベーションに影響することが指摘されている（中山・野嶋，2001）。もちろん，プロフェッショナルといえど仕事そのもののためだけに働いているわけではない。生活したり家族を養ったりしなければならず，給与は働く上で重要である。それに加え，給与が看護職としての能力を測る指標，つまり承認の1つであるとみなされていることが，看護職における給与がモチベーションに与える影響における特徴である。

5．おわりに

　以上のように，多種多様な看護職のモチベーションを高める要因は，「人・組織」「仕事そのもの」「仕事の成果」に分類することができる。これらがモチベーションに与える影響を比較検討することが今後の課題である。

（伊藤(北谷)真美：広島大学大学院博士課程前期）

【参考文献】
太田　肇（2011）『承認とモチベーション―実証されたその効果―』同文舘出版。
佐野明美・平井さよ子・山口桂子（2006）「中堅看護師の仕事意欲に関する調査：役割ストレス認知及びその他関連要因との分析」『日本看護研究学会雑誌』Vol.29, No.2, pp.81-93。
田尾雅夫（1999）『新版組織の心理学』有斐閣ブックス。
田尾雅夫（2001）『ヒューマンサービスの経営―超高齢社会を生き抜くために―』白桃書房。
中山洋子・野嶋佐由美（2001）「看護研究の現在　現状を変える視点（3）看護婦の仕事の継続意志と満足度に関する要因の分析」『看護』Vol.53, No.8, pp.81-91。
林　伸二（1985）『仕事の価値―新しいモチベーション研究―』白桃書房。

ホテル業における人的資源問題

1. はじめに

　現在，日本ではサービス業に従事する労働者は増加傾向にある一方で離職率が高いという問題も存在している。

　サービスは無形性（Lovelock & Wirtz, 2007）を特徴として，顧客との瞬間瞬間のやりとりの中で，ある一定以上の納得，あるいは満足を与えなければならない。サービスは提供者（生産者）と受給者（消費者）との間で，同じ繰り返しを単一に提供するのではなく，提供する場所や時間帯の違いなどさまざまな空間で相手の反応に呼応しながら繰り広げられる相互作用である。昨今，顧客がサービスをとらえる目線が高くなっており，そのため標準化されたマニュアル行動だけでは顧客充実を図ることは難しい。

　サービスの充実，顧客の満足を目指す方向は，提供メニューの開発や質の維持，提供プランによる差別化に加え，実際のサービス現場において，マニュアルに記されていない従業員の自主的な判断，職務行動，顧客に対する適切な態度など，状況に応じマニュアルを越えた従業員の対応力が極めて重要な要素になる。そのため組織には従業員教育，従業員個人のサービスの質・レベルに対して特に重要視する必要が生じている。

　本稿では，サービス業の中でも，人的依存要素が高いホテル業を事例とし，県下のホテルで従業員の職務に対する意識調査の結果を基にホテル業で働く従業員の意識について論じ，ホテル経営へのインプリケーションを検討する。

2. 地方ホテルの意識調査結果

　まず，ホテル業界の現状と人材マネジメント上の課題を多面的に把握するために，全国のホテルに勤務する従業員数名へのインタビュー調査を実施した。その結果，他ホテルとの価格競争が激化していること，非正規従業員の比率が高まっていること，離職率が高いこと，慢性的な人材不足に対応するために職務を横断し対応できる人材が求められていること，等が明らかになった。こ

のような背景の中，サービスの向上を図る為に，1人1人の技能や職務に対する意識の向上が求められている。ホテルが抱える課題の対処と組織が従業員に求める行動の促進には，今までとおりの教育体制だけでは限界が生じており，サービスに携わる現場での従業員個人の行動を活性化するためには，公正な評価・報酬，雇用保障，継続的な教育開発，上司のサポート，などの人的資源管理施策の構築が必要であり，これらの施策が，組織に対するコミットメント，職務満足，職務態度に大きく影響しているということが示唆された。

　上述の結果が，平均的な地方ホテルでも適用できるかを確認するため，県下のホテルK社（104名）を対象にアンケートを実施し，サービスの指標となる『顧客志向行動』を促す要因を検討した。「経営方針の浸透」と「教育訓練・配置」などの人的資源管理（HRM）は，顧客志向行動を高める為には重要であり，従業員に安定した状態で労働に従事させる効果がある。人材に対する教育訓練は必要不可欠であるが，従業員教育に対して組織の意識が低い状態であれば，従業員は，ただ仕事をこなすだけ，所謂マニュアルをこなすだけの行動になりがちである。このような状態で，顧客へサービスをおこなうことは，顧客満足を与えることは難しい。ホテル教育の特徴の1つは，現場主体のOJTの教育であり，経験を積ませることによってサービススキルを向上させている。このような教育を徹底的におこない，継続していくことは必要不可欠である。加えて諸個人の自律的な労働への意欲向上と職務に対する意識改革により一層，取り組むことが必要であろう。そうすることで，職務満足，コミットメントがより高められ，より一層，顧客志向行動に結びつくのである。以上の議論をまとめたのが，図表1である。人的依存度が高いサービスを主体とするホテルにおいては，「顧客志向行動」を促す要因として，ホテル従業員諸個人に対する人材マネジメントや職務態度のレベルに注目することが重要になってくるのである。

　特に，地方ホテルは，価格面，客室などのハード面，サービス面において，多様なサービスを提供しているにもかかわらず，顧客は，価格以上のサービスを求める傾向が強い。よって，顧客と従業員の間でサービスに対する認識ギャップが深くなればなるほど「サービスが悪い」という感覚を与えてしまう。そのために，高品質なサービスを提供できる従業員を適切に方向づける人材マネジメントが重要なのである。

図表1　顧客志向行動を促す分析モデル

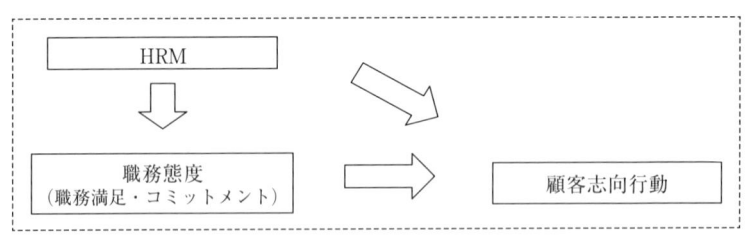

```
HRM
 ↓
職務態度
（職務満足・コミットメント）  →  顧客志向行動
```

出典　筆者作成

3．おわりに

　分析結果よりいくつかのインプリケーションを得られた。ホテルサービスは多種多様で細分化している（宿泊，婚礼，宴会，レストラン，コンベンション）。また，ホテルの業態，区分，立地，などの違いによって，コアサービスのあり方が異なってくる。職種もサービス，セールス＆マーケティング，管理部門など多岐にわたり，中途採用・非正規社員比率も高い。その結果，非正規社員に任せる仕事の量や質も責任も高くなってきている。このような背景の中，地方のホテルでは，他のサービス業と比べ多能工としての職務遂行と顧客志向行動が求められている。多様な雇用形態の従業員が自律的に職務を遂行し，顧客志向行動を促進させるためには，現場レベルの技能訓練・コミュニケーション教育，語学研修などに加え，ホテルマンとしての職業および職務に対する誇り意識を持たせていく，誇り醸成教育が不可欠になるのではないだろうか。

（香坂千佳子：広島大学大学院博士課程後期）

【参考文献】

Lovelock, C.H & Wirtz, J.（2007）*Services Marketing: People, Technology, Strategy, 6th Edition.* Pearson Education（US）（白井義男監修・武田玲子訳（2008）『ラブロック＆ウィルツのサービス・マーケティング』ピアソン・エデュケーション）．

若年従業員の活性化に関する研究
―上司および若年従業員の行動やモラルに着目して―

1．はじめに

　バブル崩壊以降，若者を取り巻く雇用問題は厳しい状態が続いており，不本意な就職等により早期離職する若者や就労意欲を喪失する若者が増加している。その背景には，終身雇用や年功型人事制度といったいわゆる日本型雇用システムの崩壊がある（岡本，2006）。近年の成果主義人的資源管理施策導入後，日本企業では，人員削減やIT化促進により業務のスリム化，組織のフラット化を進めてきた。この仕組みは短期的な組織業績の向上に有効であるが，経営者と一般従業員の連結役である中間管理職の減少や，それに伴う上司と部下とのコミュニケーションの希薄化等から，経営者の行動やビジョンの不可視化を生み出している。また，会社の将来性や自身のキャリアビジョンが見えにくいことを原因として，労働環境に不安をもつ従業員も少なくない（武知・藤村，2009）。このような状況は労働意欲の低下，離職率の増加などをもたらし，企業の将来的な競争力低下につながることから，若年従業員の活性化を模索する動きが増加している。本研究では，この活性化を組織の経済的機能を促進する組織市民行動（以下，OCB）をおこなう状態であると定め，そこに組織コミットメント（以下，OC）とジョブ・インボルブメント（以下，JI）の高まりがどのように関係しているかを明らかにする。その結果に基づき，若年従業員のOCBを促すマネジメント施策を提言する。

2．分析の枠組み

　本研究の目的は，第1に若年従業員のOCBが促進される要因を探ることである。第2に，OCおよびJIの高まりがどのように関係しているかを明らかにすることである。このような問題意識に基づき，ソーシャル・サポート，OJT，経営者の行動やビジョンといった組織内諸活動に対する従業員による認知，組織や仕事に対する態度であるOCやJIを経由し，それがOCBという行動レベルにつながると仮定し設定した。ただし，組織内諸活動は，OCやJIを経由せ

ず，直接に OCB に影響を及ぼす可能性も考慮されるため，その直接効果もモデルに内包した（図表1）。

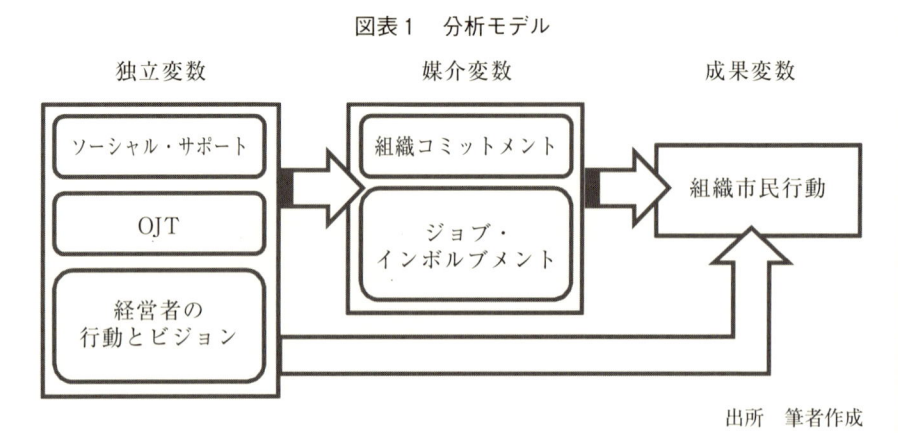

図表1　分析モデル

独立変数　　　　　　　媒介変数　　　　　　　成果変数

- ソーシャル・サポート
- OJT
- 経営者の行動とビジョン

→ 組織コミットメント
→ ジョブ・インボルブメント

→ 組織市民行動

出所　筆者作成

3．研究対象と分析方法

　調査対象は，広島県A社（サービス業を主とするメーカー関連社）に勤務する全従業員889名を対象とし，質問紙調査をおこなった。有効回答は827名（回収率：93.0％）であった。調査期間は2011年2月中旬～3月中旬である。独立変数にソーシャル・サポート，OJT，経営者のビジョンと行動を，媒介変数にOC，JIを，成果変数にOCBの下位尺度に誠実性，利他主義，職場への貢献を採用した。分析方法は，共分散構造分析を用いた分析を実施した。

4．若年従業員に有効なマネジメント施策―調査結果に基づいた考察―

　調査結果から，若年従業員の誠実性促進にはOJT強化と経営者の行動やビジョンの明確化，利他主義促進にはソーシャル・サポート強化が有効であることが明らかになった。その一方，OCBを促進する施策として，OCやJIを高めても効果がない可能性が高い。一見，ソーシャル・サポート，OJTおよび経営者の行動やビジョンを明確にする施策は，組織への愛着や仕事の専念に影響しても，OCBには直接影響せず，若年従業員の活性化に有効ではないとも解釈できる。しかし，OCやJIの高まりを通してOCBが促進されなくとも，OJTは誠実性へ，ソーシャル・サポートは利他主義へ直接効果を与えることから，若年従業員に対して，これらをおこなう主体である上司の積極的な関与

が大きな意味をもつ。また，ソーシャル・サポートはOCやJIに有意な影響を与えることから，若年従業員の組織への定着や仕事への積極的な取組みを促進する効果がある。これは，上司が積極的に関わり，仕事その他でサポートし，指導することが重要であるといえる。したがって，会社は上司がその役割を十分果たせるようなOJT，面談，評価などの仕組みをつくり，それらを確実にできるように上司の教育訓練をおこなう必要がある。そして，OCおよびJIを高めることで，10年後，20年後の中堅キャリアに差し掛かった従業員がOCBをより積極的におこなう人材に成長することが予想される。

5．おわりに

本研究では，上司の行動が若年従業員の行動やモラルに一定の影響力をもつもことが明らかにされた。そして，若年従業員の活性化に有効なマネジメント施策を提言することができた。

若年従業員が定着し，効率的な行動をとることに上司は重要な役割を果たしている。したがって，定着率を高めるためにも，上司が励まし，相談に乗ることを制度化し，指導力を高めることが特に重要である。また，経営方針の明確化と実践および若年従業員への周知を，管理職者または上司が積極的におこなっていく必要がある。経営者は，経営方針の開示と開示した方針に沿った意思決定・判断をおこなうことが重要であるといえる。

今後，日本企業において，前述で述べたような上司と若年従業員の関係がうまくいく仕組みを整備し，若年従業員が活性化するマネジメント施策をおこなうことで，多少なりとも若者の早期離職問題の解決糸口がみえてこよう。

（藤澤（井戸）広美：広島大学院博士課程後期（2014年4月入学））

【参考文献】

岡本晴行（2006）「「就職勝ち組」がなぜ会社を辞めるのか―早期離職者増加の現状を見る―」『竜谷大学大学院研究紀要社会学・社会福祉学』第13巻，pp.1-15。

武知将人・藤村裕一（2009）「キャリア発達のための自己認識と自己成長について―若年層の自発的離職意識からみえる問題点に着目して―」『日本教育工学会研究報告集』第9巻1号，pp.323-324。

自己成長感がもたらす更なるキャリア発達に関する考察

1．はじめに

　約40年ともいえる長いキャリアの中には，人格的にも能力的にも一際大きく成長が感じられる経験というものがある。金井（2002）によって示された「一皮むけた経験」と呼ばれるその出来事のプロセスを明らかにしていくことは，組織が人材育成をおこなううえでも，個人が自分自身のキャリアをデザインしていく上でも大きな役割を果たすだろう。

　金井（2002）は一皮むけた経験者に対してインタビューをおこない，44のケースを大きく11種類に分類している。インタビューをおこなった回答者は誰もがストレス体験ともいうべき辛い出来事を体験しており，当時を振り返った際に，そうした出来事が自身を大きく成長させる出来事であったと捉え直している。

　そういった意味で一皮むけるとは「ストレス体験から生じた自己成長感」とも言い換えることができる。ただし，前者は金井（2002）がキャリアの「脱皮」（仕事で「一皮むける」─関経連「一皮むけた経験」に学ぶ─）という表現をしているように，後者と比べてより大きな主観的成長を捉えた概念で，前者から何らかのプロセスを経て行き着くと考えられる。では「ストレス体験から生じた自己成長感」を得た人はどのようにしてより大きな「一皮むけた経験」として過去のストレス体験を捉えていくようになるのだろうか。

2．研究方法

　本研究ではストレス体験から生じた自己成長感が一皮むけた経験に至るまでの認知プロセスを，インターネットアンケートを利用して明らかにする。アンケートは2013年9月17日〜10月15日にかけて株式会社ジャストシステムのセルフ型ネットリサーチサイト「Fastask」を通じてWebによる無記名の調査をおこなった。アンケートは直近の人事異動によって生じたストレスおよび自己成長感について想起して回答させる内容となっており，民間企業営業職，民間

企業事務職，公務員・大学職員に対しておこなった。

　ストレス体験から生じた自己成長感についての尺度は宅（2010）で使用された30項目のうち，4項目を除外した26項目を使用した。一皮むけた経験については「この異動によって，一皮むけたと感じる」という項目を作成し，尋ねた。自己評価が高まることがさらに自己成長感を高め，一皮むけることに通じると考え，本研究では「自己成長感」から「一皮むけた経験」の間を仲介する認知モデルとして，宅（2010）の「ストレス体験に対する意味の付与」尺度の下位因子である「出来事を経験した自己に対する評価」因子から1項目除外し，異動によって自己評価が高まったかどうかを尋ねる尺度に修正し採用した。なお，回答はすべて5件法（1＝ほとんど当てはまらない〜5＝ほとんど当てはまる）のうち1つを選択する形式としており，先行研究の宅（2010）の4件法から変更して実施している。

3．分析結果

　Fastaskを通じて1,103名に回答依頼メールを発信し，手に入ったデータから不適切な回答をした人を除外した結果，580名分の回答が集まった。

　分析をおこなうにあたって，先行研究で用いられた尺度については項目数を除外し内容も変更していることから，探索的因子分析をおこない因子構造の確認をおこなった。なお，分析にはHAD10.323を使用した。

　その結果ストレス体験から生じた自己成長感からは「心のゆとりの獲得」と「自己の再分析」の2因子が示された。出来事を経験した自己に対する評価からは1因子が示され，本研究では「自己評価尺度」として扱うこととした。

　探索的因子分析の結果をもとに，ストレス体験から生じた自己成長感が自己評価を媒介して一皮むけた経験に影響を及ぼしているかを検討するため，HAD10.323を使用し媒介分析をおこなった。その結果，心のゆとりの獲得から一皮むけた経験への影響は.70（p<.01）〜.28（p<.01）に減少し間接効果.42が示された（図表1）。また自己の再分析から一皮むけた経験への影響は.43（p<.01）〜.07（p<.05）に減少し間接効果.36が示された（図表2）。続けて間接効果が0より有意に大きいか検討するためにブートストラップ法を用いて10,000回のブートストラップ推定をおこなった。その結果，心のゆとり（99%信頼区間0.395〜0.677），自己の再分析（99%信頼区間0.340〜0.570）共に信頼区間内に0が含まれておらず，どちらも間接効果が有意であることが示された。

図表1　媒介分析結果（心のゆとり）　　図表2　媒介分析結果（自己の再分析）

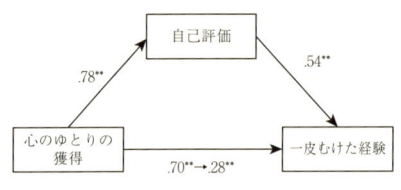

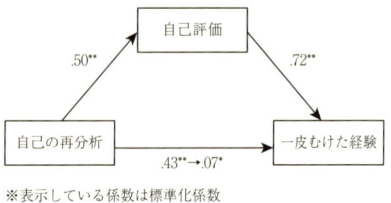

（図：心のゆとりの獲得 → 自己評価 .78** → 一皮むけた経験 .54**、心のゆとりの獲得 → 一皮むけた経験 .70**→.28**）

（図：自己の再分析 → 自己評価 .50** → 一皮むけた経験 .72**、自己の再分析 → 一皮むけた経験 .43**→.07*）

※表示している係数は標準化係数
**$p<.01$, *$p<.05$, +$p<.10$

※表示している係数は標準化係数
**$p<.01$, *$p<.05$, +$p<.10$

出典　筆者作成

4．おわりに

　本研究から，ストレス体験から生じた自己成長感が一皮むけた経験に至るまでの認知プロセスにおいて，自己評価が媒介していることが明らかとなった。つまりストレス体験から自己成長感を得た場合，この自己成長感から自己評価をさらに高める出来事を与えることができれば将来的にそれが一皮むけた経験であったと感じやすく，キャリアのより大きな発達につなげることができると考えられる。本研究からは示すことができなかったが，自己評価を高めさせる出来事，たとえば上司からの客観的な評価や同僚からの厚い信頼などは自己評価を高めるモデレーターとなる可能性がある。

　「一皮むけた経験」に関する研究は未だ数が少なく明らかになっていないことも多い。今後継続して分析をおこなうことで，より詳細なモデル像を明らかにする必要があるだろう。

（濱岡　剛：広島大学大学院博士課程前期）

【参考文献】
金井壽宏（2002）『仕事で「一皮むける」―関経連「一皮むけた経験」に学ぶ―』光文社。
宅香菜子（2010）『外傷後成長に関する研究―ストレス体験をきっかけとした青年の変容―』
　　風間書房。

従業員の自発的で変革的な行動の概念整理

1．はじめに

　近年, ITの進展や新興国の台頭により, 日本企業は急速な環境変化に晒されている。この厳しい環境の中で生き残っていくために, 個々の従業員にはどのような行動が求められるのだろうか。Katz & Kahn (1978) は, 組織の機能と効率性のために必要な個人行動を分類し, 組織が単に機能し続けるだけではなく市場での生き残りと組織の効率性を高めるためには, 自分の職務の範疇以外であっても自発的で革新的に発揮される行動が必要であるとしている。

　本研究では, この自発的で革新的な行動とはいったいどのような行動であるかを, 先行研究の蓄積を整理することにより明らかにしたい。

2．さまざまな自発的革新的行動

　従業員の自発的で革新的な行動とされる概念に, プロアクティブ行動, テイキング・チャージ, ボイス, 組織道義的反対意見表明, 警笛行動が挙げられる。これらはすべて従業員の自発的／革新的な行動を指すが, 概念ごとにそれぞれ異なる特徴をもつ。

　まず, プロアクティブ行動は「従業員が自身や自身が置かれている環境に対して影響を与えるために取る先行的行動」(Grant & Ashford, 2008) と定義される行動であるが, 従業員の自発的で革新的な行動を包括的に表す名称であり, この概念の中には多くの個別具体的な職務行動が含まれている。

　次に, テイキング・チャージは役割外行動の革新的な一面としてMorrison & Phelps (1999) により提唱された概念で,「個人が, 自分たちの業務, 部署, 組織内などで, 仕事をいかに遂行するかに関して, 自発的・建設的に組織機能の変化を起こさせるための働きかけ」と定義される (2008)。そして革新志向的で改善を目的とした行動である点がテイキング・チャージの特徴である (Morrison & Phelps, 1999)。

　ボイスは「好ましくない事態から逃避するのではなく, その事態を変えよう

と試みること」と定義されている (Hirschman, 1970)。その発生メカニズムについて Withey & Cooper (1989) は，組織内での物事のおこなわれ方が好ましくないとき，不満足が生じることで発生すると述べている。

組織の悪い点に着目し変化をもたらそうとする行動は他に，組織道義的反対意見表明 (Principled Organizational Dissent; 以下 POD とする) と警笛行動 (Whistle-blowing) がある。POD は「組織の方針や仕事のやり方に対する良心に基づいた異議申し立てをおこなうことにより，組織の現状に抵抗したり，それを変えようとしたりする個人の努力」と定義される行動であり (Graham, 1986)，警笛行動は「組織の（現・元）メンバーが，有効な対策をおこなえる個人や組織に対して，雇用者の不正や違法行為を公開すること」と定義される行動である (Near & Miceli, 1985)。これらは両者とも，何か好ましくない出来事が起こった際に，それを公開したりそれに反対したりすることで，組織に変化をもたらそうとする行動である。

3．各概念の類似点と相違点

従業員の自発的で革新的な種々の行動を包括してプロアクティブ行動と呼ばれていることが明らかとなったが，そのために統一的な尺度が開発されておらず，よりよく実際の従業員行動を捉えるためにはその下位概念を用いて測定をおこなう必要がある。

まず，ボイスは定義および発生メカニズムからも分かるように，単に不平を表明するだけの行動であるということができる (Morrison & Phelps, 1999)。組織機能を向上させることを目的としていないため，不平を表明するだけで終わってしまうのである。また，POD と警笛行動について，Morrison & Phelps (1999) はものごとを変えることで組織をより機能的にするかどうかにはかかわらずおこなわれる行動であると述べている。POD と警笛行動は上述のボイスと同じく，必ずしも組織機能の向上を目的としているわけではないのである。反対意見を表明したり組織の不正を明らかにしたりすることで，組織の機能が一時的に阻害されることは予測がたやすい。

他方，テイキング・チャージは本質的に組織機能の促進を目的とした行動であり，不平不満がない場合でも発生する。測定尺度も開発されており，よりよく従業員の自発的で革新的な行動を捉えることが可能であろう。

4．おわりに

　組織が外部環境に適応し市場で生き残って行くためには，従業員ひとりひとりの自発的で革新的な行動が重要である。しかし先行研究の蓄積において類似概念が多く議論の混乱を招いている。本研究ではこれらの概念間の相違点を明らかにし，従業員の自発的で革新的な行動を捉えるためによりよい概念はテイキング・チャージであることを明らかにした。テイキング・チャージは日本における研究蓄積がまだ少なく，日本企業が急激な環境変化にさらされている現状を考慮すると，早急な研究の蓄積が必要である。

（大上麻海：広島大学大学院博士課程前期）

【参考文献】

高石光一・古川久敬（2008）「企業の経営革新を促進する従業員の自発的行動について—組織市民行動を越えて—」『九州大学心理学研究』9，pp.83-92。

本間利通（2006）「ホイッスル・ブローイングと情緒的・継続的コミットメント—雪印食品の牛肉偽装事件を事例として—」京都大学経済学会『經濟論叢』178（1）pp.73-89。

Katz, D. & Kahn, L.（1978）*The Social Psychology of Organizations*. New York: Wiley.

Morrison, E.W. & Phelps, C.C.（1999）"Taking chargeat work: Extra role-efforts to initiate workplace change," *Academy of Management Journal*, Vol. 42, No. 4, pp.403-419.

Grant, A.M. & Ashford, S.J.（2008）"The dynamics of proactivity at work," *Research in Organizational Behavior*, 28, pp.3-34.

Hirshman, A.O.（1970）*Exit, Voice, and Loyalty:Responses to Declinein Firms,Organizations and States*. Harvard University Press.

Withey, M.J.& Cooper, W.H.（1989）"Predicting Exit, Voice, Loyalty, and Neglect," *Administrative Science Quarterly*, 34, pp.521-539.

Garaham, J.W.（1986）"Principled Organizational Dissent: A TheoreticalEssay," *Research in Organizational Behavior*, Vol.8, pp.1-52.

Near, J.P. & Miceli, M.P.（1985）"Organizational Dissidence: The Case of Whistle-Blowing," *Journal of Business Ethics*, 4, pp.1-16.

2．かなめをつくる

顧客関係の構築と国際化戦略の変化
  —台湾日通の事例から—

1. はじめに

 近年,日本企業によるアジア諸国への進出はますます拍車がかかっている。そして,進出したアジア諸国で日本企業がどのような活動を展開しているかは,大変興味深いものがある。本研究は,日本企業がどのように現地市場を把握し,顧客との関係を構築しているのか。特に,顧客サービスを展開する企業の実態に注目し,その構造や特徴について分析する。

2. 先行研究のレビュー—標準化-適応化の議論をめぐって—

 国際マーケティング研究の領域では,標準化(standardization)-適応化(adaptation)の議論が盛んにおこなわれてきた。これは,現地に進出する企業が供給する製品の展開や管理を巡って,2者のいずれの戦略を選択するかを問うものである。進出する企業や地域によって異なる意思決定が要求される。

 しかし,近年,これまでとは違う議論がおこなわれるようになってきた。例えば,小売サービスの分野では,企業の出店行動と商品調達の2つの視点からの議論(向山,1996)や現地適応パターンを4つに分類した研究(矢作,2007)などがみられ,彼らは戦略の選択に,さまざまな条件が存在し得ることを指摘している。これは,産業や業種を問わず多様な企業が国際展開するようになり,販売する製品そのものが画一的でなくなってきたこととも関連する。

 一方,標準化-適応化の議論は交差文化的な視点から捉えるべきであり,今日の企業が複数の市場に向けて挑戦する際,従来の視点による方法論の検討では不十分であるという指摘もみられる(Cavusgil, Deligonul & Yaprak, 2005)。また,標準化-適応化の議論を実証する際に,構造-行動-成果という産業組織論的な枠組みに依拠した研究も多く,静態的な分析に留まりやすい傾向がある。こうした問題を克服すべく,最近では,動態的な分析方法が検討されている。Craig & Douglas (2005) は現地文化がグローバルに連結されることに注目し,マーケティング課題も変化することを指摘した。また,Cannon &

Yaprak (2011) は，現地の慣習に基づくニーズから製品用途に基づくニーズへと変化するといった研究成果を示し，動態的な変化に焦点を置く研究の重要性を主張した。

　一連の先行研究から明らかなのは，標準化‐適応化の二律背反的な視点に収斂できない多くの課題が指摘されているということである。とりわけ，この議論にとって今後重要になってくるのは，文化性を踏まえつつ，さらに動態的な視点から研究することである。すなわち，現地進出する際に企業は標準化または適応化いずれかの戦略を選択し，その後どのような変化をするかについて明らかにすることが必要である。そして，そうした変化を企業に求める最大の要因は，現地文化に規定される消費者行動であると考えられる。そこで以下，標準化‐適応化に関する戦略の変化とそれを規定する消費者行動を対顧客関係の構築という視点から分析する。

3．調査・分析

　本研究では，アジアでも市場の成熟化が進展する台湾を調査対象とした。また，現地進出する日本企業は，台灣日通國際物流股份有限公司（以下「台湾日通」）を選定した。これは同社が顧客との関係を重視して宅配事業を展開しているからである。サービス業の中でも宅配事業は人々の生活と密接な関係があり，消費者行動を反映する。これが同社を分析対象とした理由である。そこで，同社が顧客との関係においてどのように成長戦略を構築し，実施しているかに焦点を置き，調査する。

　2013年11月29日に実施した現地インタビュー調査で明らかになった同社独自の取組に，コンビニエンスストア（以下「コンビニ」）との連携がある。台湾は日本と同様に核家族化が進んでいる。さらに都市部では，夫婦共働きの家庭が多い。彼らは平日自宅を不在にすることが多く，荷物が届いても受領することができない。そこで，荷受人は荷物を最寄りのコンビニに留置きすることを希望する傾向がある。一方，荷送り人はどこで荷物を預けるのか。これもコンビニである場合が多い，つまり，荷物はコンビニからコンビニへの移動が求められているのであり，コンビニ間の配送が可能になれば，需要の増加が予想される。日本の場合，コンビニで荷物を受領する傾向はみられないが，台湾の場合は重要な窓口に成長する可能性がある。そこで同社はコンビニとの連携を強化し，顧客の期待に積極的な対応を図る考えである。こうした日本にない顧客関

係の構築に向けて，同社は従来の取り組みを変化させようとしていた。

要するに，台湾日通は当初，標準化戦略を採りながらも，その後適応化戦略に移行したのである。この変化をもたらした最大の要因は，文化性を背景とした現地の人々の消費者行動である。この適応に向けた変化を対顧客関係の視点でみると，それは直接的な顧客関係ではなく，コンビニを通じた間接的な関係であり，そこに新しい顧客関係の構築をみることができる。

4．おわりに

台湾日通の事例を顧客との関係構築の視点でみれば，消費者行動への主体的な適応といえる。とりわけ成熟化した市場においてサービス展開は重要であり，同社は，新しい顧客関係の構築に至ったのである。サービス業の海外進出を考える際，現地文化に規定される固有の消費者行動は無視できない。そして，どのような顧客関係を構築するかが重要となる。今後は，こうした視点から，さらなる研究の蓄積が求められる。

(今村一真：茨城大学)

(2013年度プロジェクト研究「サービス業におけるアジア市場を対象とした市場や顧客との価値共創の現状調査研究」)

【参考文献】
向山雅夫（1996）『ピュア・グローバルへの着地』千倉書房。
矢作敏行（2007）『小売国際化プロセス』有斐閣。
Cannon, H.M., & Yaprak, A. (2011) "A Dynamic Framework for Understanding Cross-national Segmentation," *International Marketing Review*, Vol. 28 (3), pp.229-243.
Cavusgil, S.T., Deligonul, S. &. Yaprak, A (2005) "International Marketing as a Field of Study: A Critical Assessment of Earlier Development and Look Forward," *Journal of International Marketing*, Vol.13 (4), pp.1-27.
Craig, C.S., & Douglas, S.P. (2006) "Beyond National Culture: Implications of Cultural Dynamics for Consumer Research," *International Marketing Review*, Vol.23 (3), pp.322-342.

価値共創型マーケティングの特性に関する考察
―荘内銀行の事例から―

1. はじめに

　顧客とともに価値を創造していくマーケティングを価値共創型マーケティングとするなら，それは，伝統的なマーケティングとどのように異なるのか。一般的に，伝統的マーケティングでは，企業と顧客の関係は「離れた」状態が想定され，それ故，企業が顧客に近づく（志向する）ためのマーケティングが展開されてきた。しかし，新しい価値共創型マーケティングでは，企業と顧客は一緒になって価値を創造する。そして，その価値は顧客によって一方的に判断される（Vargo & Lusch, 2008）。したがって，そこでのマーケティングは，顧客を起点とせざるを得ない。

　そこで本研究では，具体的な事例を用い，企業が考える顧客との関係性の変化，言い換えれば，顧客関係性の変革という視点から，顧客を志向するマーケティングと顧客を起点とするマーケティングを対比することで，価値共創型マーケティングの特性について考えることにする。

2. 荘内銀行におけるマーケティング変革

　顧客との共創という点で，最近注目されているのが，山形県の荘内銀行である。改めるまでもなく，金融業はサービス業であり，もともと顧客との直接的な接点をもっている。したがって，顧客と一緒に価値を共創する立場にある。それにもかかわらず，今日，多くの関心が寄せられるのは，これまでの金融業が，顧客との接点を活かしきれず，むしろ，顧客に近づく（志向する）ためのマーケティングを展開してきたという経緯があるからである。

　そうした中，同行は，顧客関係性の視点からみて，早い時期に，顧客を志向するマーケティングから顧客を起点としたマーケティングに転換している。したがって，同行を事例として取り上げることで，価値共創型マーケティングの特性を明らかにすることが可能になると考えられる。なお，荘内銀行へのインタビュー調査は，2012年5月から8月にかけ，企画部広報室調査役，および

ISB（インストアブランチ，通称 Q'sSHOP）4 店舗の各店長に対して実施した。

荘内銀行は，日本で初めて ISB と呼ばれる，大型商業施設内に出店する小型の銀行店舗を複数展開している。これまでの荘内銀行は，他の金融機関同様，顧客志向の発想で，今ある価値をいかに訴求するかを中心とする経営をおこなっていた。しかし，約15年前に，銀行は金融業ではなくてサービス業であり，「お客さまの期待に適合する機能を発揮できるよう，サービス変革しなければならない」と大胆なサービス改革をおこなった。結果，ISB の設置，年中無休体制の導入，24時間 ATM の稼働，コンシェルジュ配備など顧客を起点としたサービスが次々と生み出された。これまでは，顧客のニーズに対応した商品，サービスの充実とマニュアルに沿ったコミュニケーションに重点がおかれていた。しかし ISB では，能動的な顧客を想定し，主婦が考案した預金の企画や ISB 専用ポイントの導入，顧客同士の情報交換の場の提供など，顧客の積極的参加による価値の共創や提供をおこなった。このような顧客志向から顧客起点への転換で，銀行が提供する商品・サービスの内容も大きく変化した。

3．価値共創型マーケティングの特性

ISB の価値共創型マーケティングにおいては大きく2つの特性が明らかになった。第1は，顧客の立場に立って行動ができる社員の活用である。平成11年の ISB 立ち上げに際して，通常店舗ではパートと呼ばれる行員を ISB では「メイト」と呼び，そのメイトには顧客側の視点に立つことで，顧客の信頼を得ることを目指すように教育した。顧客とメイトの間に信頼関係ができると，主婦や OL 中心の顧客は頻繁に ISB に来店し，通常店舗では聞きにくい質問も飛び交うようになる。メイトは主婦が多いことから，顧客側の立場に立った商品説明や接客が可能となり，ISB のファン作りにもつながっている。

第2は，顧客接点の場，つまり価値共創の場の提供である。ISB は，集客力のある年中無休の大型商業施設内にあり，顧客にとって大変便利な店舗となっている。顧客にとって利用しやすい条件を満たしていることが顧客接触の機会を増やすことにつながっている。そして ISB では，これまで蓄積されたナレッジやスキルの提供をとおして，顧客と銀行共同での価値提供，創造を図る為の活動に関して，積極的に時間と資金の投入をおこなっていた。

そこでは，店舗を顧客接点の場として，顧客との相互作用を強化することに主眼をおいていた。ISB においては，下記図表1のようにメイトが企業と顧客

を結びつける結節点の役割を果たし，顧客接点や相互作用をとおして，双方向的な形で価値を共創している。顧客の価値は，相互作用から得られる満足や感動である。顧客が体現した価値をとおして，企業は新しい商品，サービスやイベントの開発にもつながり，リピート客の獲得という成果に結実する。

図表1　荘内銀行ISBにおける顧客との相互作用

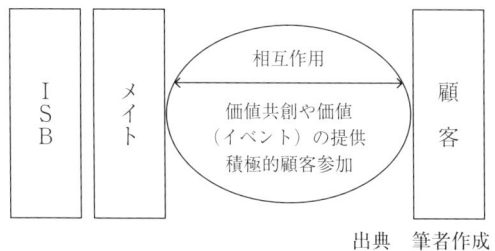

```
┌─────┐ ┌─────┐     相互作用       ┌─────┐
│  I  │ │ メ  │  ←─────────→   │ 顧  │
│ S   │ │ イ  │  価値共創や価値   │     │
│ B   │ │ ト  │ （イベント）の提供 │ 客  │
│     │ │     │   積極的顧客参加  │     │
└─────┘ └─────┘                  └─────┘
```

出典　筆者作成

4．おわりに

　他行のISBが続々と縮小，撤退する中，荘内銀行のISBは好調であり各方面からの出店要請も多い。そこでは，顧客を管理操作するのではなく，支援するという立場から，生活者の立場で顧客の側に立てる社員の活用，および顧客接点の場，つまり価値共創の場の提供が実行されていたのである。結果，顧客と企業が一緒になって，顧客にとっての価値を生み出す仕組みが構築され，顧客を起点とした価値共創型マーケティングが展開されている。

（山口隆久：岡山理科大学）

（2011年度プロジェクト研究「企業における価値共創型の顧客関係構築に関するアプローチ」）

【参考文献】
Vargo. S.L. & Lusch, R.F.（2008）"Service-Dominant Logic: Continuing the Evolution," *Journal of the Academy of Marketing Science*, Vol.36, No.1, pp.1-10.

製造業における価値共創の意味合いおよび適用の可能性

1．はじめに

　サービス・ドミナント・ロジック（以下，S-Dロジック）の提唱を機に，顧客との価値共創という視点からマーケティング研究がなされている。製造業に身をおく者からすれば，理論の進展もさることながら，実際の企業活動における効用，実践の可能性について関心が強い。以下，実践という視点から思考実験的に考えた製造業における価値共創の意味合い，適用の可能性について述べる。

2．価値共創の意味合い

　S-Dロジックではなく，モノを中心に捉えたグッズ・ドミナント・ロジック（以下，G-Dロジック）によれば，製造業の企業活動は，顧客が価値と感じることを事前に想定し，製品の開発をおこなうもの，と解釈できる。製造段階では製品に価値を埋込む。顧客も交換段階で想定しうる価値と価格等の諸条件を勘案し，製品と対価の交換をおこなう。当然ながら，使用段階を想定し，あるいは過去の使用経験をもとに価値の有無の判断をおこなうケースもあるが，あくまでも判断は交換時点でおこなう。一方，企業側も市場調査による顧客の欲求の事前把握，埋込む機能の拡大，バリエーションの拡大など，顧客の欲求と合致した製品を作る努力をする。しかし，製品を使用する時点について，顧客はどこまで未来のことを認識できるのか。また仮に認識できたとしても，顧客の持っている知識や能力が製品に埋め込まれた価値を引き出し得るか，についても疑問が残る。

　顧客の立場で重要なことは，使用する瞬間こそ，欲求が発生し，それを満たすことで価値が生まれるということである。当然ながら企業側も使用における課題を調査，抽出し，解決策を製品に埋込む努力はおこなっている。しかし，使用する時こそ価値が生まれる瞬間と捉えると，すべての使用シーンにおいて顧客の欲求および顧客が保有する知識と能力を事前に把握し，解決策を製品に

埋込むことは，不可能に近い。ここにG-Dロジックの限界がある。この点において価値共創には注目すべきヒントがある。すなわち，「使用段階で価値が生まれる」，「顧客と企業が一緒になって価値を生み出す」という2つの認識である。これが現実のものとなれば，価値共創はG-Dロジックの限界を超えるための解決策たり得る。

3．製造業への価値共創の適用

　サービス業から端を発した価値共創の概念を大量生産の工業製品に適用するには，いくつかの課題がある。サービス業においては顧客と直接接するケースが多い。その場で顧客の欲求を理解し，双方が保有する知識と能力を勘案してサービスし，価値を生み出す。しかし，製造業の場合，顧客との間に物理的距離がある，膨大な人が使用するため共創の場も膨大となる，顧客のもつ知識と能力は事前に把握できない，といった問題が浮上する。

　これらに対する技術的解決手段として，IT技術に着目する。ITでは膨大な人と人・企業が物理的な距離は離れているにもかかわらず，つながっている。膨大な数のユーザーはインターネットを通じて，他のユーザーや企業が持っている知識と能力を活用し，自らの得たい価値を取得している。パソコンなどの情報端末を顧客自身が所有している点については，製造業における製品が顧客の下にあることに類似している。しかし，大きく異なる点は，情報端末自身には価値が埋込まれておらず，価値提案と顧客をつなぐ媒体の役割をしていることである。インターネットにおいては，膨大な数の価値提案者が参画し，そこには価値を生み出すための提案価値と顧客を結びつける有効なツールが用意されている。これらのおかげで，提案者は顧客のリアルタイムの欲求，保有する能力と知識が分からないながらも，価値の生成をおこなうことができる。結果として，顧客の立場からするとリアルタイムで価値が生み出されていると感じる。

　上記のことから一般的な製品において，物理的な距離や量といった課題を克服するためのツールとして，IT技術を活用することは有効な手段の1つと考えられる。ただし，同時にリアルタイムで価値共創するための仕組みが必要となる。インターネットにおける膨大な数の提案者と，人と人を結びつけるツールに代わる共創の場を企業が用意する必要がある。すなわち，顧客の欲求を理解し，顧客がもつ知識と能力に適した価値提案のできる場が必要となる。そこ

には企業および企業がもちえない能力と知識をもった第三者の参画を要す。加えて，顧客を十分に理解し，適切な価値提供者と結びつけるコンシェルジュ的なコーディネーターが必要となる。

コーディネーターに求められるのは，リアルタイムで生じる顧客の心を捉えた対応ができることである。ただし，マニュアルに依存すると，事前に価値を埋め込むことと何ら変わらず，仕組み作りができようとも，価値共創とはならない。マニュアルを超えた対応ができるコーディネーターが必要であり，高い能力の人材が価値共創にとって欠かすことのできない要素となる。

以上が，実践の立場から思考実験した，製造業での価値共創の適用像である。当然，現実には組織の改編や役割の変更を要すであろう。たとえば，開発部門なども製品価値の開発ではなく，顧客と価値共創できる製品開発や共創への関与などを要し，組織がもつ能力，体制にも変化が必要である。また，自社のみならず，他業種との連携も必要になろう。当然共創の場を司る組織も必要となる。

4．おわりに

以上，実践の立場から1つの考え方を示した。今後，価値共創という考え方が，企業や社会へもたらす意義，適用例などを提唱頂ければ幸いである。自動車製造業では膨大な知見と技術から製品が成り立っている。そこに身をおく者として，保有している技術や知見が，もっと多くの顧客価値創出に役立てることができるのではないか，と考えている。

一方，昨年の東京モーターショーでも，複数の企業に，顧客に寄り添う，つながるといったコンセプト提案が見られるようになった。顧客と企業が一緒になることを目指した価値共創型マーケティングが，新しい顧客価値創出につながることを願いたい。

（清野　聡：マツダ株式会社）

(2013年度プロジェクト研究「アジアにおける自動車情報機器を用いた顧客との価値共創」)

患者の継続受診意志に与える影響に関する一考察

1．はじめに

　今中・他（1993）は，外来患者の満足度と継続受診意思に及ぼす要因について，病院側と医師側の視点からみた代表的な調査研究をおこなっている。しかし，こうした研究には顧客（患者）側からの視点が不足している。顧客（患者）起点の視点でみていくには，Vargo & Lush（2004）が提唱したS-Dロジック（Service-Dominant Logic）を踏まえる必要があると考える。

　これまでの病院，医師側の視点での研究と，顧客（患者）起点の考え方に基づいた研究では，顧客への対応の仕方について差があるのではないかと思われる。そこで，顧客を意志と能力で分類した村松（2009）の顧客4類型の視点で患者の継続受診意志に与える影響を解明すれば，患者と病院組織側の相互作用が浮き彫りにできるのではないかと考えた。本研究では，生活習慣病の代表的な糖尿病患者（完全に完治しない病気）に焦点を当て，時間軸に重きをおいたパネル調査を実施し，時系列による患者の心の変化を，患者起点に立った分析をおこなうことで病院への継続受診意志に与える影響を明らかにする。

2．研究方法

　生活習慣病の代表的な糖尿病患者に調査対象を絞り，インターネット調査を実施した。回答者の回答が正確なのか，また，時間の経過による患者の満足度に変化がみられるのかを比較分析することにより，病院組織との関わりが患者の継続受診意志に影響しているかをみることが出来る為，時間軸に重きを置いたパネル調査の方法を採った。調査時期は，2012年12月10日，2013年2月15日の2回である。

3．分析結果

　糖尿病治療の為に通院している患者から，以下のような回答を得た。
　第1回目　2012年12月中旬1,091名（男1,013　女78）

第2回目　2013年　2月中旬　494名（男461　女33）

　データの分析は，階層的重回帰分析およびクラスター分析を同時並行しながらおこなった。分析結果は，図表1，2に示すことができる。なお，2回の調査をつうじて，回答者はすべて2型糖尿病患者である。

図表1　初期時点の変数が2ヶ月後の病院への継続受診意志にもたらす影響

変数名	Step1	Step2	Step3
切片	3.125**	3.129**	3.142**
受診意志（初期）	0.427**	0.381**	0.379**
治療効果の自覚（初期）	0.065*	0.061*	0.059*
採血のうまさ（初期）	0.099*	0.063	0.067+
受診時間（初期）	0.113**	0.090*	0.099*
治療効果（初期）	0.032	0.032	0.032
病院からの知識提供（初期）		0.038	0.055
病院からの動機向上（初期）		0.155**	0.149**
自己効力感（初期）		0.041	0.055
知識（初期）		-0.096	-0.114
自己効力感×病院からの動機向上			0.004
知識×病院からの知識提供			-0.151*
R^2	.318**	.335**	.342**

**$p<.01$，*$p<.05$，+$p<.10$

出典　筆者作成

図表2　病院からの知識提供

（グラフ：縦軸「2ヶ月後の病院への継続受診意志」，横軸「病院からの知識提供」高・低。知識 少（黒）・知識 高（灰））

出典　筆者作成

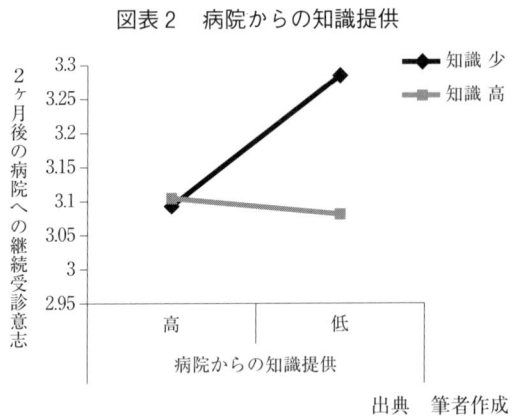

　ここでは，スタッフからのサポート提供が患者のモチベーションや知識（患者を取り巻く全ての症状状況や症状情報）向上をもたらし，顧客（患者）と病院側とが相互作用をおこなうという仮説モデルのもとで分析した。そして，部分的ながらもパネルデータを解析した結果，以下の諸点が明らかとなった。
①病院側からのサポート（知識提供）は，通常，それのみでは継続受診意志に

は影響をもたらさないが，知識の少ない人が病院から知識提供を受けた場合は，患者は継続受診意志を高める（図表1より）。
②もともと知識の多い患者に対して，病院からの知識提供は彼らの継続受診意志に対して効果がない（図表2より）。
③病院からの動機向上（たとえば，スタッフが自分の病気を治そうと積極的にかかわってくれる。病院全体として，暖かい雰囲気がある等）の働きかけが，患者の2ケ月後の病院への継続受診意志の向上に効果がある（図表1および図表2より）。

4．おわりに

現時点での調査分析においては，上記の①から③が明らかとなったが，これは，村松（2009）が提示した患者を4類型の視点から捉えることで初めて分かったことである。

本研究における今後の課題は，今回おこなったパネル調査に基づくデータを再度整理し，第1回目と第2回目のデータ，また，第1回目と第2回目とのデータ変化を項目ごとに詳細に比較分析することである。たとえば，スタッフからの情報や専門的対応の効果および，家族からの働きかけの効果について詳細に分析する必要がある。また，患者からの働きかけ効果と病院組織との相互作用についての検討も不可欠である。

（野田義顕：医療法人沖胃腸科クリニック・医療法人江草玄士クリニック）

（2012年度プロジェクト研究「患者起点における病院組織との相互作用による文脈価値生成の考察—ダイナミックな視点より—」）

【参考文献】
井上崇通・村松潤一編著（2010）『サービス・ドミナント・ロジック—マーケティング研究への新たな視座—』同文舘出版。
今中雄一・荒記俊一・村田勝敬・信友浩一（1993）「医師および病院に対する外来患者の満足度と継続受診意思に及ぼす要因—総合病院における解析—」『日本公衆誌』第40巻，第8号，pp.624-634.
村松潤一（2009）『コーポレート・マーケティング—市場創造と企業システムの構築—』同文舘出版。

日本の製造業における新製品開発の成功要因の研究
―キーパーソンとしてのプロダクト・チャンピオンの実証研究―

1．はじめに

　企業の新製品開発活動では，製品開発の成功要因の1つとしてイノベーションの実現に寄与する開発担当者の存在が認められている。このようなキーパーソン人材について，欧米を中心にプロダクト・チャンピオン（以下PC）の研究がおこなわれてきた。国内外で初めてPCの存在を明らかにしたSchon(1963)は，PCを企業の非公式システムや人的関係を用い，異なる部門間の調整をおこないながら自身の公式権限を越えてプロジェクトを擁護，補佐，推進する個人であると述べ，こうした個人が新製品開発を成功に導くことを指摘した。彼の研究を嚆矢に，PC研究はその後，PCを新製品開発の成功要因の1つとして捉える研究，次に新製品開発における個人の役割に注目した研究，最後にPCそのものに焦点を当て，彼らが新製品開発において果たす役割やリーダーシップ，動機や行動特性を明らかにしようとする研究，という3つの視点で研究されてきた。こうした研究動向のうち，本研究は第3のPCそのものに焦点を当てる視点から，日本のPCの分析をおこなった。1980年代には研究開発部門を中心として日本でもPCへの関心が高まった時期もあったが，それは一時的なもので，次第に研究対象とはならなくなった。一方この間，欧米での研究は着実に進み，実証研究がしきりにおこなわれた。そしてマーケティング部門にPCが多く現れることが発見されてからは，マーケティング研究においても取り扱われるようになってきた。さらには，米国と独国，米国と韓国，など国際比較がおこなわれるようになり，冗長性の高い組織が多いと評される日本におけるPC分析の意義が高まってきている。

2．PCに関する先行研究の整理

　先行研究をレビューした結果，日本のPC研究が活発化していない1つの理由として，PC研究の全体像が欠如しており言葉と概念が整理されていないことが分かった。そこで，先に用語を整理した上で，PCが登場するプロセスを

提示した（藤井・江・中村，2013）。そのプロセスとは，まず PC が出現するのは，組織が自発性を奨励する報酬などの施策を制定している条件の下で，何らかの出来事がトリガーとなって，彼らの個人的特性が刺激された時である。そして開発プロセスが進展する中で，役割や機能を果たすために，影響戦術・影響力を駆使しながら，PC は行動や振舞いで組織に働きかけることで，新製品が市場に投入されることになり，イノベーションが成功に至る。PC の出現は，行動や振舞いという周囲から判断できる表現となって表わされ，その存在が認識される。これらが一連の出現の流れである。

3．実証研究の方法と分析

　出現のプロセスならびに先行研究を整理し，統一した用語を用いて PC の特徴を明確にした上で，実証研究として日本の製造業にインタビュー調査をおこなった。この調査は2つに分かれており，最初の段階は2011年5月から2012年3月にかけて4社の比較をおこない，次の段階は2013年10月から2013年2月にかけてこの4社のうち1社の2人の PC の比較をおこなった。初めの調査段階では，PC 本人，プロジェクト上司，プロジェクトマネジャー，チームメンバーの4種類の立場の異なる人々にインタビューをおこない，日本の製造業の内部にいる PC の探索を中心に検討をおこなった。その結果，先行研究と一致する行動項目が多く見つかった。その一方で，Shane（1995）の示した PC の役割を用いて考察した結果，それぞれこの4人の PC のタイプが異なることも明らかになった。次の調査段階では，同じ企業の2人の PC 本人に，それぞれのイノベーションプロセスとその際におこなった活動を詳細にヒアリングした。その結果，イノベーションに伴う革新性の大きさは，イノベーションプロセスが未知か既知かの組合せにより規定されることが分り，その革新性の大きさにより，そこで求められる PC の役割や発揮される能力が異なり，出現する PC のタイプも異なることが分かった。そのプロセスとはアイデアを実証する段階でのアイデア具現化フロー（IS フロー）と意思決定フロー（ID フロー），製品化をおこなう段階でのアイデア具現化フロー（PS フロー）と意思決定フロー（PD フロー）として表現される。図表1は，これら4つのフローがイノベーションの大きさを表していること，ならびにそれに応じて PC のタイプが異なることを示している。

図表1　イノベーションの大きさとPCのタイプの関係

【イノベーション大（革新型製品）】◄──────────────►【イノベーション小（改善型製品）】

ISフロー	未知		ISフロー	未知	……	ISフロー	未知		ISフロー	既知
IDフロー	未知		IDフロー	未知		IDフロー	既知		IDフロー	既知
PSフロー	未知		PSフロー	未知		PSフロー	既知		PSフロー	既知
PDフロー	未知		PDフロー	既知		PDフロー	既知		PDフロー	既知

　革新型PC　　　　　想像型PC　　　　　　　調整型PC　　　　改善型PC

出典　筆者作成

4．おわりに

　先行研究レビューから得られた知見をまとめ，モデルとしての概観や概念の統一を図った後，2段階にわたりインタビュー調査を実施した。その結果，日本の製造業内部に存在するPCの特徴が次第に明らかになってきた。しかし，ヒアリングしたサンプル数は未だ少なく，普遍性のあるPCのタイプを見出したとは言い難い。今後さらにインタビュー調査の対象数を増やす方向で研究を進め，理論基盤をさらに強固にした上で，定量調査をおこなうことで，欧米のPCとの比較が可能になると考えられる。

（藤井誠一：立命館アジア太平洋大学）

（2012年度プロジェクト研究「日本の製造業における新製品開発の成功要因の研究―プロダクト・チャンピオンの実証研究―」）

【参考文献】
藤井誠一・江　向華・中村友哉（2013）「イノベーションを実現するプロダクト・チャンピオン―先行研究の課題と今後の方向性―」『広島大学マネジメント研究』Vol.14, pp.93-103。
Schon, D.A. (1963) "Champion for Radical New Inventions," *Harvard Business Review*, Vol.41, No.2, pp.77-86.
Shane, S.A., Venkataraman, S. & Macmillan, I.C. (1995) "Cultural Differences in Innovation Championing Strategies," *The Journal of Management*, Vo.21, No.5, pp.931-952.

価値共創概念と S-D ロジック
　－マーケティング研究の視点から－

1．はじめに

　マーケティング研究は，今日，大きな転換期を迎えている。周知のように，マーケティングはその主な研究対象を市場での交換におき，これまで多くの研究がなされてきた。しかし，最近，注目されている価値共創という考え方は，そうしたマーケティング研究を根本的に見直すことを求めている。その契機となったのが Vargo & Lusch によって示されたサービス・ドミナント・ロジック（以下，S-D ロジック）である。そこで本稿では，マーケティング研究の立場から S-D ロジックを取り上げ，その妥当性を検討し，今後のマーケティング研究の方向性について明らかにする。

2．S-D ロジックとは何か

　Vargo & Lusch による S-D ロジックの提示は，*Journal of Marketing* 誌に掲載された論文（Vargo & Lusch, 2004）が最初である。その後，論文集の刊行（Lusch & Vargo, 2006），再度の論文掲載（Vargo & Lusch, 2008）へと続き，世界中のマーケティング研究者を巻き込んだ論議へと発展した。また，関連する国際学会もこれまで頻繁に開催されている。

　こうした中，わが国でも S-D ロジックに関心をもつ研究者は急速に増え，2010年には S-D ロジックに関するそれまでの世界的な論議が学術書（井上崇通・村松潤一編著（2010）『サービス・ドミナント・ロジック－マーケティング研究への新たな視座』同文舘出版）としてまとめられ，2012年には第62回日本商業学会全国研究大会の統一論題として「流通・マーケティングにおける価値共創」が取り上げられた。また，同年，Vargo & Lusch を招いた国際フォーラムが東京で開催され，さらに，翌年には日本マーケティング学会のリサーチプロジェクトとして「価値共創型マーケティング研究会」が発足した。すでに数回の研究報告会がおこなわれ，マーケティングカンファレンス2013にも参加したことで S-D ロジックへの関心は一気に高まった。しかし，モノを中心

に捉えてきた研究者にとっては、思考の切替えが必要となる。さらに、マーケティング研究がミクロの行為を扱う以上、S-Dロジックからは、具体的なマーケティング行動をイメージすることが難しい。そして、その原因は、実はS-Dロジックの「論理」そのものに潜んでいる。

端的にいえば、S-Dロジックは単数形のサービスの視点から、グッズおよび複数形のサービシィーズを包括的に捉えるものである。そして、サービスは「他者或いは自身の便益のための行為、プロセス、パフォーマンスを通じた専門的な能力（ナレッジおよびスキル）の適用」（Vargo & Lusch, 2004）と定義される。つまり、S-Dロジックはプロセスの視点からサービスを捉えるわけだが、そのサービスをナレッジおよびスキルの適用とした点に大きな特徴がある。すなわち、そうすることでグッズとサービシィーズを同じサービスという土俵に載せたのである。そして、Vargo, Maglio & Akakaは、自動車を事例に取り上げ、S-Dロジックに基づく価値共創を説明した。いわく、メーカーは自身のナレッジおよびスキルを生産に適用し、顧客は使用時に自身のナレッジおよびスキルを適用することで価値が共創される（Vargo, Maglio & Akaka, 2008）。ここでいう顧客のナレッジおよびスキルとは、まさに運転技術そのものを指しており、それが発揮される時点、すなわち、市場での交換の後におこなわれるクルマの運転を通じて価値は創り出される。従って、これまでのように企業が事前に価値を決定し、グッズに組み込むのではなく、価値は交換後に顧客と共創されるものなのであり、それは、顧客によって判断される。このことを明確に主張した点においてS-Dロジックは評価される。

3．S-Dロジックの問題点と新たなマーケティング研究

それでは、S-Dロジックの論理がどのようにマーケティング研究への接続を遠ざけているのか。それは、前述したVargo, Maglio & Akakaによる説明に見出せる。彼らは、それぞれのナレッジおよびスキルが企業によって生産に、また、顧客によって消費に適用されることで価値が共創されるとした。しかし、いくらS-Dロジックが交換の一般理論を目指しているとしても、そこで示された企業と顧客の関係はあまりにも集計水準が高い。さらに消費における価値共創はグッズを介しておこなわれるとしたのであり、そうした間接的なサービス提供による価値共創は、企業によるマーケティング行動につながり難く、価値共創に関わるマーケティング理論のための糸口は見出しづらい。すなわち、

皮肉にもグッズとサービシィーズを同じ舞台で取り扱う工夫そのものが，S-D ロジックをマーケティング研究へと昇華させていくことを阻んでいる。

しかし，少なくとも S-D ロジックは顧客の消費・使用プロセスで価値が共創されるとしたのであり，そこに企業による直接的なサービス提供を持ち込むことで，マーケティング研究への具体的なつながりをつけることができる。すなわち，交換前の直接的なマーケティングではなく，交換後の直接的なマーケティングの世界こそが，価値共創という考え方のもとでのマーケティング研究の新たな領域なのである。さらに，価値共創に伴うグッズあるいはサービシィーズへの共同関与は高い成果を価値共創にもたらすと考えられ，ここにもマーケティング研究の新たな課題が存在する。

4．おわりに

顧客の消費・使用プロセスにおけるマーケティングは，まさに顧客の世界からすべてを捉えるものであり，マーケティング研究が挑むべき壮大なテーマである。新たに生まれるマーケティング理論は，顧客と企業の関係を刷新するものであり，マーケティング研究にとって喫緊の課題となっている。

(村松潤一：広島大学)

【参考文献】

Vargo, S.L.& Lusch, R.F.（2004）"Evolving to a new Dominant Logic for Marketing," *Journal of Marketing*, Vol.68, No.1, pp.1-17.
Lusch, R.F.& Vargo, S.L.（2006）*The Service-Dominant Logic of Marketing: Dialog, Debate, and Directions*. M.E. Sharp, Inc.
Vargo, S.L.& Lusch, R.F.（2008）"Service Dominant Logic: Continuing the Evolution," *Journal of the Academy of Marketing Science*, Vol.36, No.1, pp.1-10.
Vargo, S.L., Maglio, P.P.& Akaka, M.A.（2008）"On Value and Value Co-Creation: A Service Systems and Service Logic Perspective," *European Management Journal*, Vol. 26, No. 3, pp. 145-152.

価値共創における組織とリーダーシップ

1. はじめに

　本稿の目的は，企業がサービス・ドミナント・ロジック（以下S-Dロジック）の提示する価値共創概念に基づいて戦略を実行する際の組織運営やリーダーシップについて考察することである。価値共創戦略をとる企業は，顧客の利用・消費プロセスに上手く入り込むための企業システムを構築する。サービス業において，積極的に顧客側の立場で支援をする老舗旅館などの事例がこれに該当する。そこでは，顧客と社員は能動的な資源を意味するオペラント（操作する）として捉えられる。S-Dロジックが提示する価値共創をおこなうためには，顧客接点の場をもつことや，相互作用をとおしてそれを戦略的に活かすための組織行動が必要となる。たとえばホテルや旅館，飲食などのホスピタリティ産業や小売業は，顧客接点の場を生業としてもっている。しかし多くの企業では，サービス工業化の流れで生産性や効率性を高めることを目指す場合が多いのが実態である。こうした方向ではなく，顧客の利用・消費プロセスに関わりながら一緒に顧客の決める価値をつくっていく活動こそが今求められている。

　以下では，こうした価値共創戦略をとる企業について，筆者のこれまでにおこなった研究調査から浮かび上がった組織運営やリーダーシップに関する発見事実についてみていくことにしたい。

2. 顧客と社員の類型化

(1) 顧客の類型化

　顧客は意志と能力で分類できる（村松，2009）。ここでの意志とは，顧客が企業に対して関係性を強く持ちたいかどうかを意味する。意志が弱い顧客に対しては，なるべく企業側は受け身で対応し，企業から積極的な働きかけをおこなわない。逆に，顧客の意志が強いと判断した場合は，どのサービスを提供するのかを判断して事前に準備をおこなう。このように，顧客類型別の提供サー

スの組合せがヒットすると,顧客の文脈における満足度が高くなる。この点がマニュアルで標準的・均一的な対応をおこなうサービス産業と大きく異なるところである。すなわち,ある顧客にはマニュアル的なサービス提供を必要としながらも,別の顧客には顧客満足やきめ細かい対応をおこなう必要がある。老舗旅館やラグジュアリー・ホテルの事例では,最初から個々のニーズや考え方が違うことを前提に,個々の顧客に対応するサービス提供技術が存在していた。

(2) 社員の類型化

価値共創戦略をとる企業では,顧客の関心を推し量るだけでなく,個々の社員に対しても関心を払うことを重視している。こうした点は,マニュアル対応をおこなう企業と,価値共創を目指す企業の違うところである。価値共創型企業の組織運営には,意志(戦略)の共有化が前提となる。しかし,現実には社員それぞれに適性や能力が異なる。上手く価値共創をおこなっている企業のリーダーは,個々の社員の適性や個性を重視しているのである。

3.新たなリーダーシップ

(1) トップ・マネジメントの有言実行の行動力

多くの企業は顧客満足や顧客志向を理念として掲げている。しかし,それは単なるスローガンにとどまり,機能していないことが多い。価値共創型戦略をかかげて成果に結実させるには,率先垂範して実行するトップ・マネジメントの存在が不可欠である。ホテルや旅館といった,筆者が調査した企業では,価値共創戦略を採用する意志決定をトップ自らがおこない,率先して現場重視の取組みをおこなっていた。

(2) 個を活かす取り組み

製造業では,品質は製造工程で機械的に作り込まれる。しかし,サービスは同時性・不可分性の性質から,顧客接点の場に位置する社員が顧客との相互作用をとおして生み出される。したがって,顧客接点の役割を担うサービス・エンカウンターの社員が提供するサービス品質が重要となる。しかし,ホスピタリティ産業の中でも,マニュアルによってあらかじめ企業が決めた通りのサービスを提供することを強く求める企業と,最低限度のマニュアルで個人の積極的な顧客との相互作用を認める企業とが存在する。後者の場合,企業は顧客接点にいる社員に大幅な権限委譲をおこなっている。また,顧客満足と同様に,従業員満足が重要であることを認識した制度を導入している。さらに,個人の

成長がサービス品質の向上につながることから，個人を積極的に支援している。なお，価値共創を志向する企業ほど，後者のような取組みをおこなっているのである。

(3) サーバント・リーダーシップ

価値共創型企業システムの運営では，社員や顧客を受動的な資源を意味するオペランド（操作される）として捉えたこれまでのマネジメントやマーケティングの考え方を，オペラント（操作する）として捉え直すことが必要となる。こうした点から，Lusch et al. (2007) は，社員がリーダーに奉仕するのではなく，リーダーには Greenleaf (1977) が提唱するサーバント・リーダー（servant-leader）としての役割が求められていると述べている。価値共創戦略をとる企業では，リーダーシップのあり方についても大きな変更がみられるのである。

4．おわりに

企業では今後，比較的管理・操作しやすい交換前のプロセス管理から，顧客の利用・消費プロセスに関わりながら一緒に顧客の決める価値をつくる方向（価値共創）へと転換するために，新たな考え方で再度マネジメント理論を再検討する必要がある。

（藤岡芳郎：大阪産業大学）

【参考文献】

村松潤一（2009）『コーポレート・マーケティング―市場創造と企業システムの構築―』同文舘出版。

Greenleaf, R.K. (1977) *Servant Leadership: A Journey into the Legitimate Power and Greatness.* Paulist Prss（金井壽宏監訳 (2008)『サーバント・リーダーシップ』英治出版）．

Lusch, R.F., Vargo, S.L. & O'Brien, M. (2007) "Competing through Service: Insight from Service-Dominat Logic," *Journal of Retailing,* Vol.83, pp.5-18.

イノベーションを生み出し続ける力
　―開かれた開発へ―

1．はじめに

　企業経営におけるイノベーション活動の重要性は近年ますます高まっている。企業が存続，発展していくための「かなめ」となるのが，組織やチーム，個人のイノベーションを生み出す力である。イノベーションとは，知の新たな組合せ，既存体系の破壊，顧客の創造，などをキーワードとする，新しいもの・ことを生み出す広範な活動である。経営学においては，1960年代より本格的な実証研究がスタートし，以後，イノベーションを生み出す主体を対象にさまざまな議論がおこなわれてきた。本稿では，こうしたイノベーションに関する議論について，特に製品イノベーションを生み出す企業戦略を中心に，これまでの学術的な議論を振り返り，イノベーションを生み出し続けるためにはどのような視点が必要かを考える。

2．イノベーション活動の射程

　以下では，内から外へ，イノベーションを考える際の視野が広がっているのではないかという点について考える。そこで，まずは自社内のコア・コンピタンスを重視すべきという議論からはじめたい。イノベーションを生み出すには，自社の核となる強みや能力に注力すべきだと指摘した Hamel & Prahalad (1990) によるコア・コンピタンスの議論は，実務界へも大きな影響を与えた。彼らの主張に対し，その逆機能，つまり強みを強化し続けることの罠について指摘したのが Leonard-Barton (1992) のコア・リジディティ (corerigidity) の議論である。彼女が指摘したのは，企業の競争優位の源泉であったコア・コンピタンスが柔軟性を失い，環境変化に適応できなくなってしまうことから，逆にそれが企業の弱みへと変化してしまう現象である。企業の強みであった組織内部のコア・コンピタンスはいつしか硬直化 (rigidity) し，逆に企業の弱みへと変化してしまう。こうした問題に対して，たとえばダイナミック・ケイパビリティ論は，企業の競争優位にとって真に重要なのは，企業の変化し続ける力

であることを指摘した。Teece（2009）は，企業境界をまたぎながら，自社資源と他者資源をコーディネートさせる能力の重要性を指摘し，それがダイナミックな自社ケイパビリティの変化を可能にさせると論じている。組織境界をまたぐ企業活動は決して新しい現象ではない。しかし近年，イノベーション活動は外部の情報や知識，資源をより積極的に活かそうとする開いた開発活動へ，変化のスピードを速めている。このような議論として，たとえば企業の内部と外部のアイデアを有機的に結合し価値を創造すべきだと指摘したChesbrough（2003）のオープン・イノベーションの議論や，プラットフォームについての議論を展開したCusumano & Gawer（2002），ビジネス・エコシステムについて論じたIansiti & Levien（2004）やAdner（2012）などによる製品の相互依存性やイノベーション能力の分散を前提にした経営戦略の議論，あるいは製品構造のモジュラー化に伴う産業構造の変化や付加価値の生じる場所の変化から新たな分業の必要性を説く技術経営の議論，新制度派学派による近年の組織の境界浸透の議論など，多岐に渡る研究がおこなわれている。さらに，連携の範囲を市場や顧客にまで延長した議論も活発である。このような議論の中でも特に射程の広いのが，アウトプットとしての価値の意味内容に踏み込んだVargo & Luschのサービス・ドミナント・ロジックである。ここでは，価値そのものは顧客が自身の文脈において製品を使用する以前には決定不可能という立場を取っている。つまり，価値は企業が作り込むのではなく，顧客が決定するのである。顧客が価値を決めるのであれば，企業はイノベーション活動の射程をより広くとる必要がある。

　以上，簡単に議論の流れをみてきたが，重要なのは自社単独でのイノベーション創出の方法ではなく，さまざまなステークホルダーや市場（顧客）までをも含めて，その関係性の中でイノベーションを生み出し，価値をさまざまなアクターと共に創っていくという思考である。

3．単独から連携へ

　今後必要なのは，イノベーションによる価値の創造，獲得の全過程において，企業がどのように全体像を構築するかという点である。現在，製品開発の現場では特に複雑化，大規模化が進んでおり，1社単独でイノベーションの全工程を担える企業は少ない。企業はさまざまな外部アクターとの連携・協力に取り組んでいく必要がある。イノベーションの重要性についてはさまざまなところ

で論じられているが，問題はそれをいかにおこなうか，である。本稿では具体的な議論には立ち入らず，問題提起のみに終始したが，いかにイノベーションを生み出し続けていくかを考える際に，自社内のみならず，パートナーや顧客も含めての共創を考えていくことが求められている。

4．おわりに

　イノベーションを生み出すのは「ひと」である。しかし，彼らの能力を最大限に発揮させるには，目的に合致した組織的な「しくみ」や「ながれ」を作ることが必要である。さらに，イノベーションに必要なのは知の新しい組合せであり，さまざまな知が交差する多様性をもつ場である。組織によって意味のある多様性の程度は異なるが，こうした多様な組合せを意図的に作り出していくには，自らの組織範囲を越え，「ちいき」など組織の外との連携強化が必要となる。そして，外との連携や相互作用が，「ひと」の能力を強化する。イノベーションを生み出すには，こうした流れの全体像を意識しながら，内外で連携しさまざまなアクターと価値を共創していく視野の広さが必要となる。それこそが企業の持続的競争優位を育む「かなめ」となるのである。

（中村友哉：広島大学マネジメント研究センター）

【参考文献】

Adner, R.（2012）The Wide Lens: A New Strategy for Innovation. Portfolio（USA）.
Chesbrough, H.（2003）*Open Innovation: The New Imperative for Creating and Profiting from Technology*. Harvard Business School Press.
Cusumano, M.A.& Gawer, A.（2002）"The Elements of Platform Leadership," *MIT Sloan Management Review*, Vol.43, No.3, pp.51-58.
Iansiti, M.& Levien, R.（2004）*The Keystone Advantage: What the New Dynamics of Business Ecosystems Mean for Strategy, Innovation, and Sustainability*. Harvard Business School Press.
Leonard-Barton, D.（1992）"Core Capability and Core Rigidities: A Paradox in Managing New Product Development," *Strategic Management Journal*, Vol.13, pp.111-125.
Prahalad, C.K.& Hamel, G.H.（1990）"The Core Competencies of the Corporation," *Harvard Business Review*, vol.68, May-June, pp.79-91.
Teece, D.J.（2009）*Dynamic Capabilities and Strategic Management: Organizing for Innovation and Growth*. New York: Oxford University Press.

価値共創型小売企業システムのモデル化に向けた探索的研究

1．はじめに—研究の背景と目的—

　今日，企業と顧客の関係は変化している。たとえば，顧客参加型製品開発は企業が顧客を生産プロセスに巻き込むものであり，他方，製品を販売した後に，企業が継続的に顧客の消費プロセスに関わるという事例も現れている。最近，これらの現象が広く価値共創（value co-creation）というコンセプトのもとで活発に議論されている。いずれの場合でも，企業は積極的に顧客との接点を構築することが重要となっている。

　顧客とは離れた位置で活動するメーカーとは違い，小売企業の特徴は，店頭で顧客接点を本来的に有していることである。価値共創の時代において，小売企業のマーケティングは，メーカーから仕入れた商品をどのように顧客に販売するかではなく，顧客接点をどのように活かすかという考え方に転換する必要がある。小売企業の企業システムは顧客との価値共創関係によって変化していく。本研究では，顧客との価値共創関係を取り込んだ小売企業システムをモデル化していくための基本的な方向性について議論する。

2．小売企業と顧客における価値共創

　小売企業の主要活動としては販売と仕入れの2つがある。小売企業のマーケティングに関する研究は，顧客に販売できるような商品を仕入れあるいは開発し，販売を実現させるためのマーケティング・ミックスに焦点をおいてきた。言い換えると，これまでの小売マーケティングの範囲は販売までと考えられてきた。しかし，価値共創の視点からみると，仕入れと販売というより，むしろ販売後の消費使用段階における活動が重要となってくる。したがって，小売企業は，もともと持ち合わせてきた顧客接点を活かし，いかにして，顧客と一緒に価値を共創するかが今日的な課題となっている。

　今日における価値共創論議の契機となったS-Dロジックによれば，顧客は企業が提供したグッズを消費使用する際に，企業による直接的なかかわりがな

くても，企業と価値を共創する。この場合，企業はどうすれば価値共創を支援できるかが不明確である。本研究では，企業が直接的に顧客の消費使用に関与することを価値共創の前提に置く。そのもとで，小売企業と顧客の価値共創を考えてみると，小売企業はグッズを取り扱うという点でメーカーと共通し，顧客にサービシィーズを提供するという点でサービス企業と共通している。この意味で，小売企業の価値共創は，少なくとも，メーカーとサービス企業による方法を2つ同時にもつことになる。

　まず，小売企業はメーカーのように，グッズを販売した後に，グッズを媒介にして直接的に顧客の消費使用段階にはいりこむという価値共創の方法がある。メーカーにとって，グッズを販売した後に当該顧客との関わりをもつことは実現しにくいが，小売企業は店頭で顧客と直接的に接するため，顧客を特定してその消費使用段階にはいりこむことができる。この場合において，小売企業はメーカーより価値共創を実現しやすいといえる。

　また，小売企業の価値共創には，サービス企業と同じように，サービシィーズを媒介にして，顧客の消費使用段階にはいりこむ方法がある。サービス企業はサービシィーズそのものに注目する一方で，サービシィーズをよりよく提供するための媒体としてのグッズに対する関心が薄い。小売企業が運営するサービス業の方は，サービシィーズの質を向上させるために，グッズの品揃え，場合によってはメーカーとの提携によってグッズの生産までの関与がおこないやすい。同じロジックに基づけば，メーカーはサービス業を展開することが可能であり，それ故，小売企業とくらべ，直接的にグッズの形態，性能を変えることができる。すなわち，サービシィーズを支援する意味でグッズの在り方を考える時に，小売企業はサービス企業より優れているが，メーカーより劣っていると考えられる。

　小売企業はメーカーやサービス企業とは異なり，店頭でグッズとサービシィーズを同時に提供することができる。したがって，小売企業の価値共創にはもう1つの方法がある。すなわち，グッズを販売する場で，サービシィーズ供給を通じて顧客が購入した後に，グッズを消費使用する場面で感じられる価値を高める方法である。

3．価値共創型小売企業システムのモデル化

　Storbacka et al.（2012）は，価値共創型企業システムを構築あるいは再構築する際の優先的な設計主題は「共創」であると主張している。顧客との価値共

創を目指している企業にとって，既存の企業システムで顧客に何が提供できるかではなく，価値共創を支援するには企業として何ができるか，そうした考え方への転換が必要不可欠となる。すなわち，顧客との価値共創関係を起点に企業システムを構築していくことで，価値共創型企業システムのモデル化を図ることができる。

　もちろん，このことは価値共創型の「小売企業」にもあてはまる。そして，その際には，前節で議論した小売企業の価値共創のための方法は，店頭でのサービス供給と消費使用段階へはいりこみの2つのケースにまとめられる。従って，①サービス現場のマネジメントと，②マネジメントの射程を販売時点までのプロセスから消費使用段階が含まれる包括的なプロセスまで拡張することが，価値共創型小売企業システムのモデル化にとって重要なこととなる。

4．おわりに

　以上，ここでは小売企業における顧客との価値共創の方法を提示した。ここから，価値共創型小売企業システムのモデル化に向け，次の3つの方向性を導出することができる。

　第1に，価値共創型小売企業システムは顧客との価値共創関係を起点とする。

　第2に，店頭で提供するサービスィーズはグッズの消費使用にも影響するため，サービス現場のマネジメントは価値共創型小売企業システムにとって極めて重要である。小売企業にとって，いかに価値共創を促進できるサービスィーズを提供するかは真剣に取り組むべき課題である。

　第3に，価値共創は顧客の消費使用段階でおこなわれるため，仕入れと販売というよりは，販売後の消費使用段階に注目して事業を展開することが価値共創型小売企業システムの特徴となる。

（張　婧：広島大学大学院博士課程後期）

【参考文献】

Storbacka, K., Frow, P., Nenonen, S. & Payne, A.（2012）"Designing Business Models for Value Co-Creation," Vargo, S.L. & Lusch, R.F.（eds.）*Special Issue-Toward a Better Understanding of the Role of Value in Markets and Marketing*, Emerald Group Publishing Limited.

Vargo, S.L. & Lusch, R.F.（eds.）*Special Issue-Toward a Better Understanding of the Role of Value in Markets and Marketing*, Emerald Group Publishing Limited.

Vargo, S.L.& Lusch, R.F.（2004）"Evolving to a New Dominant Logic for Marketing," *Journal of Marketing*, Vol.68, No.1, pp.1-17.

BtoB における価値共創
―KOMTRAX の事例―

1. はじめに

　2004年，Vargo & Lusch によってサービス・ドミナント・ロジック（S-D ロジック）が提唱され，その後，世界的な議論を生んだ。日本でも S-D ロジックに関する学術書が刊行されると多くの関心が寄せられた。一言でいうと，S-D ロジックは，これまでのように交換価値ではなく，交換後の文脈価値に焦点を置く考え方である。

　たとえば，アップルは iPod という製品を販売し，顧客が大量の音楽を手軽に持ち歩けるようにしただけでなく，音楽配信できる iTunes を展開することで CD を購入する煩わしさを省き，好みの音楽を手軽に入手できるようにした。いわゆる価値共創でいう交換後の顧客の消費・使用プロセスへの企業による直接的な介入をおこなったのである。また，最近の自動車業界では，自動運転車が話題となっているが，それは，常に自己位置や外界の認識をおこない，状況や要求に応じた有益な情報を瞬時にアウトプットするものである。自動車はもはや移動手段ではなく，顧客の運転プロセスに企業が介入し，運転者の文脈価値を共創するための情報端末機械へと変貌しつつある。

　しかし，これらは，あくまでも BtoC の事例である。価値共創が交換後に焦点を置くというのであれば，BtoB においても同じように考えることができる。そこで本稿では，BtoB における価値共創の具体的な事例を取り上げ，その仕組みを明らかにし，問題点を指摘するとともに，今後の展開の方向性について検討する。

2. 研究の方法

　本稿では，日本の建設機械業界大手のコマツを取り上げ，同社がどのような方法で顧客間関係を構築しているかをインタビュー調査によって明らかにし，その結果を価値共創の視点から解釈するものとする。

　周知のように，コマツの顧客関係戦略は，多くの研究者や実務家が知るとこ

ろであり，さまざまな形で紹介されているが，必ずしも新しい考え方としての価値共創という視点というわけではない。本研究では，同社がKOMTRAX (Komatsu Machine Tracking Systemの略称) によって，どのように顧客関係を構築し，維持しているかを価値共創の視点から取り上げることにする。

3．コマツにおけるKOMTRAXの導入と顧客関係

3．1．KOMTRAXの導入経緯と仕組み

90年代後半，コマツは機械の盗難防止を防ぐために，機械稼働状況を把握するセンサーとGPSを機械に標準装備したKOMTRAXを導入した。その仕組みは，建設機械1台1台の情報を遠隔で把握するために，車体の情報をコマツのサーバーに送信させ，付加価値を付けた情報をインターネットを通して顧客や販売代理店に提供し，さまざまな業務で活用する，というものである。

3．2．KOMTRAXの顧客関係

これまでのコマツにとって，顧客との接点といえば，販売後の機械が壊れた時の修理サービス段階のみであった。そして，それらの不具合情報を社内にフィードバックし，製造品質向上につなげるという，極めて限定的な企業・顧客間関係であった。しかし，KOMTRAXの導入後は，そうした関係が一変した。すなわち，交換後の顧客の消費・使用プロセスに対して，コマツが直接的かつ全面的に介入ができるようになったのである。

4．価値共創の視点からみたKOMTRAXの問題点

4．1．価値共創の捉え方

前述したように，S-Dロジックは，いつ価値共創がおこなわれるかを述べたものであるが，それだけでは企業がおこなうマーケティングとして意味はない。重要なのは，交換後の顧客の消費・使用プロセスに企業が直接入り込み，そこで顧客と一緒になって価値を共創することであり，さらに新たなビジネスを起こすことである。先にあげたアップルは，まさにそのことをおこなっている。そこで以下，顧客の消費・使用プロセスへの入り込みと，特にそこでの新たなビジネス展開という視点からコマツのKOMTRAXを検討する。

4．2．KOMTRAXの解釈と問題点

さて，上述したように，確かにKOMTRAXの導入により，コマツは，顧客の消費・使用プロセスに直接的な介入をしているといえる。そして，

KOMTRAXを通じて収集されるデータは膨大なものとなり，そこから得られる情報のフィードバックによって顧客との関係の維持を図っている。

しかし，直接的な介入の本来の目的は，アップルのiPodからiTunesへの延伸のように，既存事業から脱却し，まったく新たなビジネスを起こすことであるが，残念ながら，KOMTRAXの導入によって，機械のメンテナンス向上，燃費改善，そして無人運転走行車実用化などといった既存価値の拡大は図れても，そこからの脱却，そして，さらなる展開が出来ていない。この点にこそ問題がある。価値共創の課題は，顧客の消費・使用プロセスに介入し，新たなビジネスを通じて，顧客と新たな価値を共創することであり，そのための仕組み作りと理論構築が急務となっている。

5. おわりに

製造業による顧客の消費・使用プロセスへの入り込みとそこでの新たなビジネスの展開は，製造業による価値共創そのものである。今後は，BtoBに限らず，BtoCを含め，多くの事例を取り上げることで製造業における価値共創についての理論化を図っていく必要がある。

（楊　歓歓：広島大学大学院博士課程後期）

【主な参考文献】

Vargo, S.L. & Lusch, R.F.（2004）"Evolving to a new Dominant Logicfor Marketing," *Journal of Marketing,* Vol.68, No.1, pp.1-17.
小川　進（2006）『競争的共創論―革新参加社会の到来―』白桃書房。

価値共創プロセスに対する理論的検討

1. はじめに

　S-Dロジックのマーケティング研究に対する貢献点の1つとして，これまでマーケティング研究においてあまり議論がなされてこなかった交換後の世界という研究領域を示した点を挙げることができる。しかし，それによって顧客の価値共創プロセスの解明という新たな研究課題が生じることとなる。そこで本研究では，その課題解決の手がかりを探るために，顧客の文脈価値が，いつ，どのように共創されるのかを理論的に明らかにしてく。その検討を踏まえ，価値共創プロセス解明に向けた研究の方向性を提示する。

2. 価値共創の基本的枠組み

　本研究に関連する価値共創の特徴を挙げれば，次の点を指摘することができる。第1に，価値共創は，顧客によるグッズやサービィーズの使用・経験を通じて実現することである。第2に，そこで共創される価値は，顧客が主観的に判断するものであることである。Vargo & Lusch（2008）が主張したように，その価値は，文脈価値と呼ばれ，個別的で状況依存的な性質をもつ。したがって，ある顧客にとって重要な価値がある場合でも，別の顧客にとっては，それほど価値がないこともありうる。さらに，たとえ同一人物であっても，その使用・経験の状況によって知覚する文脈価値が大きく変わる可能性があるともいえよう。

　しかし，これらの点は，あくまでも価値共創の前提であり，文脈価値が共創される具体的プロセスを描いているとは必ずしもいえない。そこで以下では，価値共創の動態的な性質に注目しながら，そのプロセスを検討してく。

3. 動態的な価値共創プロセス

　価値共創が，顧客によるグッズやサービィーズの使用・経験を通じて実現することは，繰り返し述べてきた。またVargo & Luschの主張に従えば，価

値共創は，顧客が文脈価値を知覚するまで継続することになる。さらにいえることは，価値の知覚は1回とは限らず，複数回発生する可能性がある点である。しかし，上記で確認した Vargo & Lusch の枠組みにおいては，それが何度発生するのかといった点は曖昧なままである。図表1のように，文脈価値は，使用・経験後に何度も共創される可能性もある。

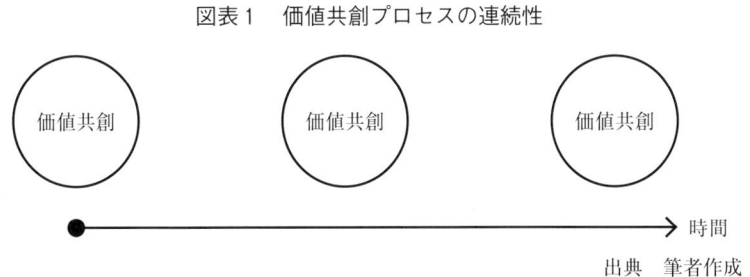

図表1　価値共創プロセスの連続性

○ 価値共創　　　　○ 価値共創　　　　○ 価値共創

●────────────────────────→ 時間

出典　筆者作成

　上記の点について，レストランでの食事をめぐる顧客（あなた）の価値共創を考えてみたい。あなたは，レストランで彼女と非常に楽しい時間を過ごした。帰宅後，パソコンを使って，食事の時にデジカメで撮影した写真や感想を自身のブログに投稿する時に，彼女の笑顔を思い出して嬉しくなる。翌日，彼女からお礼のメールが携帯電話に届き，さらに満足が高まる場合である。この例は極端かもしれないが，顧客が文脈価値を何度も知覚することを否定することはできない。したがって，Helkkula et al. (2012) が指摘するように，過去や現在，将来の経験に基づいて価値は構成されるという側面を取り込むことで価値共創の動態的な過程を描くことができると考えられる。

4．価値共創プロセス解明へ向けた研究の方向性

　そこで，これまでの議論に基づき，価値共創プロセス解明に向けた研究の方向性について検討していく。繰り返しになるが，価値共創は，何度も実現することがあり得る。さらに，S-Dロジックにおいては，文脈価値は，顧客とグッズやサービシィーズとの相互作用を通して共創されると考える。もちろん，顧客が相互作用するのは，それらだけでなく，店頭においてその顧客と接する販売員や友人，家族といった他の主体である場合も考えられる。先に挙げた例では，あなたが相互作用したのは，レストランで提供された食事というサービシィーズやデジカメ，彼女，パソコン，携帯電話等になる（図2参照）。それ

らの相互作用を通して、あなたは、レストランでの食事に関連した価値を何度も知覚したといえよう。したがって、価値共創プロセスを解明するためには、顧客が、いつ、どこで、誰と、どのようなグッズやサービィーズと相互作用しているのかを包括的に理解する必要があると指摘することができる。今後の研究では、時間や場所、他の主体、相互作用といった多次元からのアプローチが求められる。

図2　価値共創プロセスにおけるさまざまな相互作用

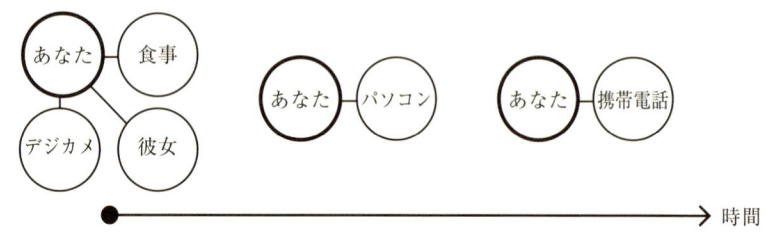

```
あなた─食事      あなた─パソコン    あなた─携帯電話
│ ╲
デジカメ 彼女

●━━━━━━━━━━━━━━━━━━━━━▶ 時間
```

出典　筆者作成

4．おわりに

　本研究では、価値共創プロセスを理論的に検討してきた。これまでの議論から明らかになったことは以下の2点である。1つ目は、価値共創が何度も実現する可能性がある点である。2つ目は、顧客を取り巻く価値共創を促進するグッズやサービィーズ、主体等を理解することの必要性である。価値共創プロセスの解明のためには、その枠組みに時間軸を取り込み、顧客の価値共創を促進するさまざまな相互作用の理解が重要となる点が示唆された。しかし、これらの点は理論的検討から導出されたものである。今後は、本研究の議論を踏まえ、研究方法の検討ならびに実証的研究を実施することが課題となる。

（大藪　亮：岡山理科大学）

【参考文献】
Vargo.S.L. & Lusch, R.F.（2008）"Service-Dominant Logic: Continuing the Evolution," *Journal of the Academy of Marketing Science*, Vol.36, No.1, pp.1-10.
Helkkula, A., Kelleher, C.& Pihlstrom, M.（2012）"Characterizing Value as an Experience," *Journal of Service Research*, Vol.15, No.1, pp.59-75.

高齢者の消費行動における情報処理
―解釈レベル理論と時間的展望の視点から―

1. はじめに

　インターネットでショッピングをおこなうのはごく普通のことになっている。一方，テレビショッピングもまた盛んに放送されている。これらはいずれも非対面における購買という点で消費者に不確かさを強いる。では，これまで対面型の購買に馴染んできたであろう高齢者たちは，インターネットやテレビにおいてどのようにショッピングをおこなうのだろうか。本研究では，日本の現代社会を代表する2つの現象，つまり，高齢化と情報化に注目し，ますます進展する情報化社会の下で高齢者たちがどのような消費行動をとるのかを考える。

2. 高齢者市場の特徴

　関沢（2004）によると，団塊世代（1947〜49年生まれの人）の消費市場には加齢による「喪失」を補うものと，加齢を経験するからこその愉快を提供する2つの市場が存在する。この2つの特徴的な消費市場はいずれも「人生の残り時間」あるいは「死までの時間」を考えざるを得なくなったことから生まれる感情に根差している。長い未来や将来への展望を描けず，憂鬱に毎日を過ごす高齢者もいれば，人生の残り時間が少ないからこそ今を大切にし，明日にも希望をもって積極的に生きる高齢者もいる。このように，高齢者のもつ人生の残りの時間に対しての認識，態度の違いによって，インターネットやテレビでのショッピング時に重視する情報には違いがみられるようだ。本研究では解釈レベル理論を用い，現在から購買までの時間的距離がショッピング時の情報選択とどのような関係があるのかを探っていく。

3. 理論と概念

　Troop & Liberman（2013）によると，解釈レベル理論とは，時間的距離によって人々の将来の出来事に対して心理的な解釈が変化されるものであり，時間的距離が大きければ大きいほど，出来事の具体的な詳細より抽象的な特徴

が解釈されやすいという。簡単にいうと，遠い将来の出来事に対しては抽象的な解釈をおこなうのに対して，近い将来の出来事に対しては具体的な解釈をおこなうというものである。このため，たとえばネットショッピングを利用する場合，人は遠い将来の購買時には点数や星マークなどで表示される平均満足度という抽象的な情報を重視する一方，近い将来の購買時には使用経験や感想などが書かれた顧客コメントといった具体的情報を重視する（Ledgerwood et al., 2010）。この研究ではネットショッピングと同様，非対面であるテレビショッピングに着目し，そこで人が購買時にどのような情報を利用しようとし，その抽象度がどのように異なるのかを検討する。具体的には，図表1に示すとおり，将来に対して無関心，あるいは現在重視の人は近い将来を考えて具体的な情報を重視し，満足遅延の人は遠い将来を考えて抽象的な情報を重視すると考えられる。

図表1　時間的展望と解釈レベルの対応関係

（時間的展望）

将来無関心／現在重視の人
近い将来を考える
↓
具体的な解釈
（例、顧客のコメント）

満足遅延の人
遠い将来を考える
↓
抽象的な解釈
（例、平均満足度）

現在 ─────────────────────→ 未来

（解釈レベル）

出典　筆者作成

4．データと分析結果

インターネット調査によって，糖尿病治療のため通院している494名（うち男性461）から回答を得た。なお，回答者には高齢者だけでなく中高年者も含まれた。これは，彼らもまた高齢の前段階にある者として，その情報処理に着目することが高齢者の情報処理を理解する上で有用であると判断したためである。具体的には，回答者に明日，5日後，1年後にテレビショッピングで商品を購買する場合，それぞれで重視する情報を13の選択肢から3つまで選択してもらった。紙幅が限られるため，ここではコクランのQ検定の結果，購買時までの時間的距離によって選択率に有意な違いがみられたもののみを検討したい（図表2）。

図表2　購買への時間的距離とテレビショッピングにおいて重視する情報

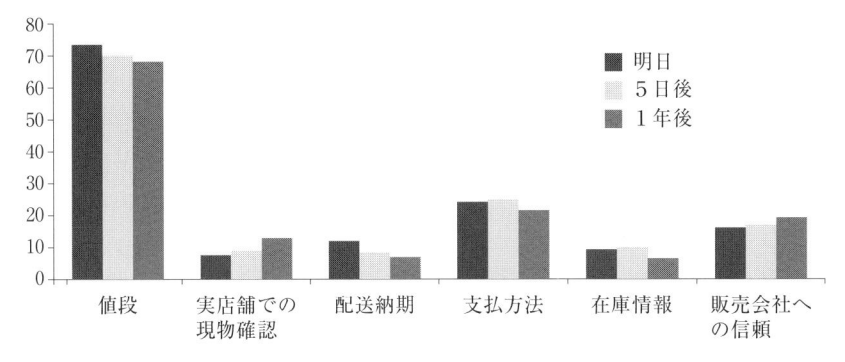

[グラフ：値段、実店舗での現物確認、配送納期、支払方法、在庫情報、販売会社への信頼について、明日・5日後・1年後の比較]

出典　筆者作成

結果から，値段や納期，支払い方法といった具体的な情報は（現在から購買までの）時間的距離が増すにつれて重視されなくなり，逆に販売会社への信頼という抽象的な情報が重視されるようになっていた。

6．おわりに

高齢者の市場は決して小さくないにもかかわらず，これまで若者ほどには高齢者の利用状況に関する研究がおこなわれてこなかった。さらに，高齢者の消費行動において，「人生の残り時間」に対する時間的展望に重点を置いた先行研究は少ない。しかし，今回の結果から，解釈レベル理論を踏まえるならば高齢者の「人生の残り時間」への見解の違いが，ネットショッピング時の情報選択に違いをもたらす可能性が示唆された。

（孫　芸文：広島大学大学院博士課程前期）

【参考文献】
関沢英彦（2004）「団塊世代の引退と消費市場」樋口美雄・財務省財務総合政策研究所（編著）『団塊世代の定年と日本経済』日本評論社。
Ledgerwood, A., Wakslak, C.J. & Wang, M.A.（2010）"Differential Information Use for Near and Distant Decisions," *Journal of Experimental Social Psychology*, 46, pp.638-642.
Trope, Y. & Liberman, N.（2003）"Temporal Construal," *Psychological Review*, Vol.110, No.3, pp.403-421.

消費者の文脈価値生成に関する一考察

1. はじめに

　Vargo & Lusch（2004）が提唱したS-Dロジック（Service-Dominant Logic）の中心的概念である文脈価値（value-in-context）とは、「顧客とサービス供給者との間での相互作用や協働活動を通じてお互いがサービスを供給し、その顧客の消費プロセスの過程で獲得したベネフィットについて、その顧客自身によって判断される知覚価値（田口, 2010）」と定義される。価値概念におけるS-Dロジックの大きな貢献は、消費者の使用段階に焦点を当て（村松, 2010）、消費者の生成する「価値」が財を使用する「文脈」と関連する可能性を示した点であろう。しかし、実際に消費者が「どのような価値を生成しているのか」に関する研究は、ほとんどなされていない。そこで本研究は、文脈価値を最終的に生成する消費者に重点を置き、M-GTA（Modified-Grounded Theory Approach）を用いて、ミニバンの自動車を使用するファミリーの事例から、文脈価値のカテゴリーを探索的に検討する。

2. 研究方法

2.1. 方法論の選定

　木下（1999）は、GTA（Grounded Theory Approach）主唱者のGlaser & Strauseに対して、実際の分析方法が明確に示されていないという限界を指摘し、分析方法が簡便で明確なM-GTAを提唱した。M-GTAの大きな特徴は、理論生成の志向性が高く、grounded on dataの原則を貫き、データの切片化を実施せず、データの中にある文脈（context）の理解を重視する点にある。このような特徴を有するM-GTAは、消費者が文脈の中から独自に生成する価値の内容について、理解を深めるための研究の方法論として適していると思われる。したがって、本研究はM-GTAを採用し、分析的一般化（analytic generalization）の観点に立脚する。

2．2．調査と分析の方法

2012年12月，広島県に在住するミニバンの自動車を使用するファミリー6組を対象に，半構造化面接を実施した。その後，面接の逐語録を作成し，M-GTAによる分析をおこなった。分析テーマは，「文脈価値のカテゴリー」と設定した。

3．結果と考察

分析の結果，分析テーマに関連する20概念・3カテゴリーが生成された。そして，文脈価値のカテゴリー間の関係から結果図を作成した（図表1）。以下，カテゴリーを【　】と表記する。

第1に，【機能的文脈価値】は，14概念から構成された。これらは，ミニバンの製品機能に関する文脈価値である。この【機能的文脈価値】は，【情緒的文脈価値】と【アイデンティティ的文脈価値】に影響を与えていた。

第2に，【情緒的文脈価値】は，4概念から構成された。これらは，ミニバンと共生する楽しさやきもちよさなどのファミリーの情緒に関する文脈価値である。この【情緒的文脈価値】は，【アイデンティティ的文脈価値】に影響を与えていた。

第3に，【アイデンティティ的文脈価値】は，2概念から構成された。これらは，ファミリーとしての集団であることへの理解や愛着などのアイデンティティに関する文脈価値である。この【アイデンティティ的文脈価値】は，【機能的文脈価値】と【情緒的文脈価値】から影響を受けていた。すなわち，アイデンティティを理解するための基盤的なものとして，ミニバンの製品機能やミニバンと共生する楽しさが貢献しているのである。

このような結果をみると，消費者は，それぞれの生活シーンを通じて，価値を独自に生成しており，S-Dロジックの基本的前提（Foundational Premises）が示す通り，「価値は受益者によって常に独自に現象学的に判断される（Vargo&Lusch, 2008）」ことが分かる。また，消費者は，必ずしも製品機能に関するものだけに価値を生成しているわけではない。今後，企業は，購買後の使用段階で生成される消費者の文脈価値をいかに理解し，効果的な価値生成支援が実践できるのかを検討していく必要があるだろう。

図表1　本事例における消費者の文脈価値

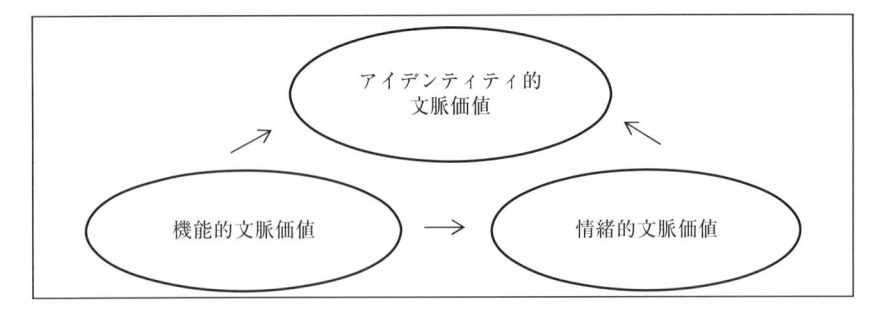

```
              アイデンティティ的
                  文脈価値
              ↗            ↖
   機能的文脈価値   →   情緒的文脈価値
```

出典：筆者作成

4．おわりに

　本研究の学術的インプリケーションは，消費者の生成する文脈価値に，特定のカテゴリーが存在するという点である。これまで，S-Dロジックにおける文脈価値に関する研究は，実際に消費者が「どのような価値を生成しているのか」，具体的には，「どのような価値のカテゴリーが存在し，各カテゴリー間にはどのような関係があるのか」に関して，ほとんどなされていなかった。本研究の結果は，特定領域に密着した結果ではあるものの，複雑な消費者の文脈価値の世界を鮮明に描写する手がかりになるという点で，文脈価値概念の精緻化に多少なりとも貢献していると考える。また，実務的インプリケーションは，企業が消費者の文脈価値生成を支援していく上で，実際に何ができるのかを検討・実行する必要があるという点である。たとえば，企業は，消費者個々の生活状況に合わせて，彼・彼女らに喜ばれる情報支援を積極的におこなっていく必要があるだろう。

（西　宏樹：広島大学大学院博士課程後期）

【主要参考文献】

田口尚史（2010）「サービス・ドミナント・ロジック：間接的サービス供給における4つの価値共創パターン」『横浜商大論集』Vol.43, No.2, pp.90-121。
井上崇通・村松潤一編著（2010）『サービス・ドミナント・ロジック』同文舘出版。
木下康仁（1999）『グラウンデッド・セオリー・アプローチ―質的実証研究の再生―』弘文堂。
Vargo, S.L. & Lusch, R.F. (2004) "Evolving to a New Dominant Logic for Marketing," *Journal of Marketing*, Vol.68, No.1, pp.1-17.

3．しくみをつくる

簡易水道事業法適化の必要性
―都道府県別法適化率の算定結果より―

1．はじめに―所管官庁による「法適化」の推進―

　簡易水道事業の法適化推進は，国の財政措置を伴うものである。我が国は水道行政の取扱いについて，「水道行政の取扱いに関する件」（昭和32年1月18日閣議決定）により，上水道に関する行政は，厚労省の所管としているが，法適化推進については，これとは別に総務省から次に示す室長（課長）通知を示達している。厚労省は簡易水道等施設整備費国庫補助金交付要綱などの通知を示達している。総務省，厚生労働省の施策を通じ，簡易水道事業の統合化，法適化の推進している。

2．会計の区分と条例制定と法適化をめぐる状況

　そもそも簡易水道事業は特別会計の設置事業である。なぜなら，地方自治法第209条第2項は①特定の事業をおこなう場合，②特定の歳入をもって特定の歳出に充て一般の歳入歳出と区分して経理する必要があるという2つの設置要件を規定しており，簡易水道事業はこの①および②の要件を充足する事業であり，特別会計が必置ということになるからである。

　特別会計の設置は条例によらなければならない。この趣旨は，国が特別会計を設置する場合には必ず法律を要することとしていることにならい，特別会計の設置・改廃を条例の制定・改廃にかかわらせることにより，その存続関係を明確にする趣旨から，昭和38年の自治法改正による従前の議会の単行議決が条例形式に改められたものであるとされる。

　また，特別会計設置条例は，特別会計を全部一条例にまとめて規定しても，特別会計ごとに条例を制定してもよいとされている。他の法律によって特別会計の設置が義務付けられているものについては，自治法第209条第2項の規定に基づく条例を改めて定める必要はないとされている。ただし，地方財政法第6条に規定する公営企業にかかる特別会計の設置は，条例が必要である。

　公営事業会計と総称されるものは，大きく分けて「公営企業会計」と「その

他公営事業の会計」に区分されるものであり,「公営事業会計」というかわりに,「公営企業会計その他事業会計」と総称されることもある。

地方財政法6条は公営企業の範囲は,「政令で定める」とし,同法施行令37条は公営企業として,水道事業等の13事業を掲げており,簡易水道事業は,当然ながら,法定13事業に明記されている事業である。

会計の区分として成立している上水道事業,簡易水道事業は平成21年度において上水道事業（1,366事業),簡易水道事業（809事業)の水道事業が存在している。このうち水道事業,簡易水道事業（法適用)の事業数を上水道事業（法適用),簡易水道事業（法適用,法非適用)の合計で除したものを「法適化率」としてデータを整理した。

$$法適化率 = \frac{簡易水道事業数（法適用)}{上水道事業数及び簡易水道事業数（法適用)＋簡易水道事業数（法非適用)}$$

データ分析の結果,都道府県別の法適化率の平均は65.5％であり,なお,確認のため基本的な統計値を算出しておくと,最頻値,中央値ともに64.3％となっている。ここでは,島根県が法適化率34％で,全国でもっとも法適化率が低いという結果が得られる。

3．おわりに―地方公会計制度改革による法適化影響―

簡易水道事業における地方公営企業法適用化では,実際の作業の中で,資産の評価に労力と時間が費やされるという指摘がなされている。この点に関して,平成15年3月総務省の「簡易水道事業法適化マニュアル」においても,法適化が進まない要因として,①企業会計方式の移行に費用や手間がかかること,②企業会計施行後の経理業務が煩雑となる,③企業会計のノウハウがない,④減価償却が発生することで,赤字決算が明確化されるということ,⑤財政的に独立困難,などとされている。

これらの指摘に対し,総務省は同マニュアルの中で（特に⑤に対し),「政策的判断により一般会計から繰入を受けることは,採算性の観点から,ある程度やむを得ない面があるものの,その政策的判断をする際に必要なことは,経営状態の透明化を図り,経費の負担区分を明確にすることであり,独立採算に向けた問題点の整理等に資するためにも企業会計方式を導入すべきである」とし

ている。いま1つの論点は，水道事業会計（上水道・簡易水道）は地方公会計に連動していることを考慮しなければならないことである。

　「新地方公会計モデル」による財務書類の作成が進み，資産債務の適切な管理や行財政運営への活用，市民への財務情報の開示が求められている。公営企業のみならず，地方公共団体の実施するあらゆる事業に関して説明責任が求められている。簡易水道事業の法適化は企業会計方式の導入によりその財政状態，経営成績の明確化にその目的がある。同時に，行政に対する市民の深い理解を得るために，簡易水道事業の法適化による財務書類は，必要不可欠なツールであるということを改めて認識しなければならない段階にきたといえる。

（菅原正明：菅原正明公認会計士事務所）
（鳥井総司：日本技術サービス株式会社）

(2012年度プロジェクト研究「簡易水道事業の地方公営企業法適用化に関する調査研究―広島県，愛媛県等における実態をもとにして―」)

【参考文献】
自治省『簡易水道事業法適化推進要領について』（平成12年4月1日自企2第41号）。
総務省『簡易水道事業統合推進要領について』（平成19年4月20日総財企第65号）。
総務省自治財政局編『平成21年度地方公営企業年鑑』。
菅原正明（2011）「インフラ資産の底地の評価について」公会計改革に協力する会計人の会『新地方公会計〈実務上の諸問題〉』東峰書房。
菅原正明（2012）「有形固定資産の評価」会計改革に協力する会計人の会『新地方公会計〈実務上の諸問題〉』東峰書房。

協同組織金融機関のリレーションシップ

1．はじめに―組合員制度と関係性マーケティングとの親和性―

　協同組織金融機関とは何か。協同組織金融機関はいったい何を目的としているのか。信用金庫やJAバンクといった金融機関が身近なものであるだけに，これを「協同組織金融機関」として捉えたとき，今さらのように疑問が生じる。折しも2012年は国連の「国際協同組合年」であり，協同組織金融機関にとっては組合員との関係を再考する好機となった。そこで協同組織金融機関の組合員制度に着眼し，リレーションシップの実態を検証すると共に，いかなる価値がいかなるプロセスにより形成されるかを考察した。

　ここで依拠するのはリレーションシップ・マーケティングである。一般にリレーションシップを訳し「関係性マーケティング」と呼称されるが，定義としてはMorgan & Hunt（1994）が「リレーションシップの確立・育成・維持を目指した全てのマーケティング活動」としたもの，Grönroos（1990）による「相互の目的を達成するため，顧客との関係性を構築，維持，発展させるマーケティング活動」等が知られている。いずれも長期の時間軸を前提としたもので，換言すれば，顧客との継続的な関係を作り上げることに他ならない。ここでは関係性マーケティングを「長期志向的かつ協力的協働的で，相互依存的な関係柄を志向するマーケティング」と位置づける。

　一方，協同組織金融機関では相互扶助を基本とした「協同」が組合員制度の根幹にある。そのもとでは組合員と組合組織，あるいは組合員同士の有機的結合が基本となるが，それら主体間では協力的かつ協働的で，相互依存的な関係が理想とされる。これは奇しくもここでの関係性マーケティングの定義と一致する。この点が組合員制度と関係性マーケティングとの親和性であり，関係性マーケティングによるアプローチを試みる理由でもある。

2．リレーションシップの構造的側面

　これまで筆者は協同組織金融機関のデータを用い，リレーションシップの概

念操作に取組んできた。具体的には，リレーションシップの形成要因と維持要因を潜在変数とした仮説モデルを作成し，共分散構造分析をおこなうというものである。分析は道半ばであるが，関係性マーケティングの鍵概念である「信頼」と「コミットメント」を，あるいはリレーションシップの形成要因と維持要因とに置き換え得るのではないかとの新たな仮説が導かれた。さらに，リレーションシップは段階的に発展するものとされる。筆者もおおむねそれを是認するが，それだけでは説明できない部分について，ここでの概念操作から示唆を得た。すなわち信頼はやがてコミットメントへと発展し，コミットメントはさらなる信頼につながる。逆に，コミットメントの一部が損なわれれば，そのぶん信頼も低下する。しかし何かを契機に信頼が回復した場合，それは新たなコミットメントを誘引するであろう。以上が協同組織金融機関のリレーションシップの構造的側面である。

3．相互作用プロセスと，仮説としての概念図

ここ数年のマーケティング研究ではサービス・ドミナント・ロジックの台頭が著しい。この理論は総じて「価値共創」を標榜したものだが，ここでは特にPayne, Storbacka & Frow（2008）のものを取り上げ，リレーションシップによってもたらされる価値とその形成過程について考えた。彼らは価値共創を顧客プロセス，サプライヤー・プロセス，エンカウンター・プロセスの3つで説明する。これらは相互作用プロセスと呼ばれ，具体的には顧客側リレーションシップの構成要素として感情・認識・行動が，組織側のリレーションシップとしては機会・企画・実践および検証が各規定される。これらは顧客・組織両プロセスに「学習」を促しつつ，同時にエンカウンター・プロセスという「接触面」において価値を共創するのである。

価値共創をリレーションシップから捉えるとき，ともすれば「リレーションシップとは何か？」という本質論に終始しがちだが，この意味で6要因を所与のものとできることの意義は小さくない。ここではPayneらの研究を参考に，協同組織金融機関ならではの概念図を作成した（図表1）。これはPayneらの分析フレームワークの要所を簡略化したもので，組織特性を踏まえ「協同価値」という表現を用いるなど独自性をもたせている。

さらに，この概念図に基づき組合員へのアンケート調査をおこなった。その結果，6要因に対応した質問のすべてで一定水準の妥当性が確認されたほか，

図表1　協同組織金融機関の価値共創

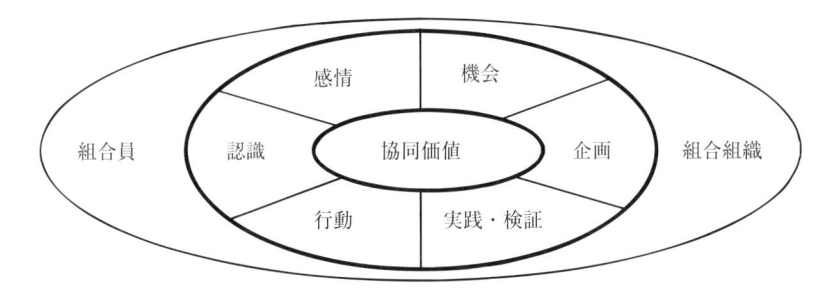

（組合員｜認識・感情｜協同価値｜機会・企画｜組合組織、下部：行動・実践・検証）

出典　筆者作成

価値共創の面では，組合員・組合組織双方の要因を明確に二分するのが難しいことも判った。そして，ここでいう協同価値が，実は運動理念の具現化したものに他ならず，それが組合員と組合組織という同質性の高い主体の間で一体的に創造されているとのインプリケーションを得たのである。

4．おわりに―新たなビジネスモデルへの展望―

今後とも協同組織金融機関は，日本の金融制度の一角を健全に担うことが期待される。組合員制度は他の金融機関に伍していく上での障害になるとの指摘もあるが，単に経済合理性のみから存否が論じられるべきものではない。その中にあって関係性マーケティングによるアプローチは，新たなビジネスモデルに道を拓くものであり，本研究の意義もそこに見出せよう。

（村上真理：広島県信用農業協同組合連合会）

(2012年度プロジェクト研究「協同組織金融機関のリレーションシップ―JAバンクをモデルとした組合員制度の考察―」)

【参考文献】
Grönroos, C.（1990）*Service Management and Marketing : Managing the Moment of Truth in Service Competition.* Lexington, MA: Lexington Books.
Morgan, R.M. & Shelby D.H（1994）"The Commitment-Trust Theory of Relationship Marketing," *Journal of Marketing*, 58（July）pp.20-38.
Payne, A.F., Storbacka, K. & Frow, P.（2008）"Managing the Co-creation of Value," *Journal of the Academy of Marketing Science*, 36, pp.83-96.

大学運営に影響を及ぼす革新的な行動に関する実証的研究
―大学職員の行動に着目して―

1. はじめに

現在,大学を取り巻く状況は大きく変化している。18歳人口の減少により,受験生の獲得競争が年々激化している。また,在学生の教育の質を保証するため,さまざまな教育プログラムを展開している。このような状況のもと,大学職員が担う新たな業務は年々増えており,業務の内容ややり方を見直さざるを得ない時期に来ているのである。

2. 高等教育における大学職員の能力開発

大学職員に関する研究では,これからの大学職員に求められる能力についての先行研究が多くみられる。その中では,能動的な業務への関与をおこなうために必要な大学職員の能力が頻繁に論じられている。大学職員に求められるこれらの能力は,未だ総花的な議論のまま,明確になっていないものの,大学職員にとって重要であることは間違いない。しかし,大学職員に必要な能力に関する議論は,スキルとしてそれを捉えるところでとどまっており,実際に大学職員がとる行動として捉えられていない点で不十分だといわざるをえない。能力を身につけていること以上に,能力を発揮するために必要な行動をとることができるかが,現実的には極めて重要な問題なのである。

3. 将来を見越したプロアクティブ行動

プロアクティブ行動(proactive behavior)とは,新たな状況や課題,関係の創出に向けた先取り志向的で,かつ意図的で内発性や能動性を伴った活動のことである(津曲・池田・古川,2011)。この行動は,先述の能力の議論のような自己防衛的に,問題の発生を認知してから,組織規範に則り,次の行動を生じさせるシングル・ループ学習(single-loop learning)とは違い,問題が起こる前にそれの生起を想定し,自由な議論のもと組織規範などを再検討し,臨機応変な意思決定により変革を促すダブル・ループ学習(double-loop learning)に含

まれる行動といえる。

そこで本研究では，プロアクティブ行動を大学運営において革新を促す行動と捉え，どのような要因により促され，また抑制されるのかについて検討を進める（図表1）。

仮説　1　性格特性（開放性，外向性）をもつ大学職員が，組織外の環境変化を認識すれば，プロアクティブ行動をとるだろう。

仮説　2　性格特性（開放性，外向性）をもつ大学職員が，情緒的コミットメントを認識すれば，プロアクティブ行動をとるだろう。

図表1　プロアクティブ行動に対する検討モデル

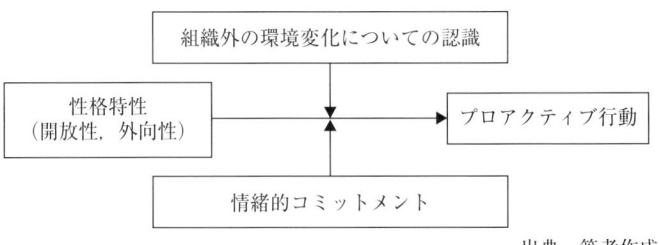

出典　筆者作成

4．調査方法

本研究の調査は，2012年9月上旬から2012年10月上旬にかけて，質問紙を使用する方法とWebを使用する方法でおこなった。得られた回答の総数は462名である。回答者の平均年齢は42.4歳，平均勤務年数は15.1年であった。国公立が130名，私立が323名，未回答9名であった。

5．結果・考察

性格特性（開放性，外向性）が弱い場合，組織外の環境変化について認識すれば，開放性，外向性が強い場合と同じくらいプロアクティブ行動の4つの下位尺度のうち，自分の成長を意識した行動や先見的職務行動，先を見越した他者との積極的な連携や協力行動をとることが示された。よって，仮説1は支持されなかった。

この結果より，組織外の環境の変化について認識することがプロアクティブ行動をとるために，いかに大きな影響をもつかがわかる。特に開放性や外向性が弱い大学職員は，大学を取り巻く環境についての情報を積極的に取り入れて

理解することで，先を見越した行動をとるようになるのである。

次に性格特性（開放性，外向性）が弱い場合，情緒的コミットメントを認識すれば，プロアクティブ行動の4つの下位尺度のうち先を見越した他者との積極的な連携や協力行動をとることが示された。よって，仮説2も支持されなかった。

この結果より，情緒的コミットメントはプロアクティブ行動の部分的な促進要因と考えることができる。開放性や外向性の弱い大学職員が勤務する大学に愛着をもてるような方策を打てば，他者と協力することにより組織の発展に良い影響を与えると考えられる。

6．おわりに

本研究で用いたプロアクティブ行動の対の概念として，リアクティブ行動がある。この行動は過去や現在に傾斜した受け身の対応にとどまるものである（津曲・池田・古川，2011）。しかし，大学職員にとってリアクティブ行動がプロアクティブ行動をするための基礎となる行動であるととらえてもおかしくない。そうであるとするならば，今後リアクティブ行動を従属変数にした検討も進めなければならない。

（木村太祐：広島修道大学）

(2013年度プロジェクト研究「大学運営における革新的な行動に関する実証的研究—大学職員と民間企業の従業員との比較から—」)

【参考文献】

Argyris, C. (1977) Double Loop Learning in Organizations, *Harverd Business Review* (DIAMOND ハーバード・ビジネス・レビュー編集部訳 (2007)『組織能力の経営論』ダイヤモンド社).

津曲陽子・池田　浩・古川久敬 (2011)「組織におけるプロアクティブ行動の意義および測定尺度の開発」産業・組織心理学会『第27回大会発表論文集』pp.187-190。

大学におけるキャリア教育・支援の再構築に関する研究
―キャリア支援担当者への質問紙調査の結果より―

1. はじめに

　大学におけるキャリア教育・支援に関する議論において，自らのキャリア選択行動に対して消極的な態度の学生が存在すること，そして彼らに対する支援が今後より重要になることが指摘されて久しい。これに対して，現行のキャリア教育・支援は，「大学生は必要な学習機会を主体的に選択する」ということを暗黙の前提にした「選択制」である場合が多く，支援プログラムや個別相談の機会を準備し，学生が訪れるのを待つといういわば「リアクティブ（対応的・受動的）」な取組みが主である。これでは，「潜在的にキャリア支援を必要とする層」を見逃してしまう恐れがある。すなわち，いくら大学側が多様な機会を提供しようとも，単にその機会を主体的に選択しない者のみならず，主体的に関与する意欲があってもどのような機会を選択すれば良いか分からない者や自分の思い込みで極めて偏った機会しか選択しない者まで，数多くの学生を支援の対象外にしてしまう恐れがある。

2. 課題解決へのアプローチ

　このような課題に対して，OECD や ILO において引用されることの多い Sampson et al. (2000) のセグメントモデルなどの欧米の取り組みが我が国にも有益な示唆を与えてくれる。これは，対象者を就業に対するレディネスに応じて区分し，レディネスの程度によって提供するキャリアサービスの内容や提供方法を変えるというものである。現状の我が国の取り組み（リアクティブな支援）に対して，「プロアクティブ（予防的・積極的）な支援」である。なお，レディネスの高いものから「self-help service」「brief staff-assisted services」「individual case-managed services」とサービスを多層化することによって，対象者に遺漏なくサービスを提供できる可能性が示されている。サービスを多層化するためには，「self-help」と「individual case-managed」をつなぐ「brief staff-assisted services：スタッフ支援型サービス」が重要であり，このサービ

スが「適切なアドバイスを与え個別支援が必要な層を判別する機会」として機能すれば，コスト面からも効果的であることが指摘されている（下村，2013）。

3．調査概要と分析結果

前述のようなアプローチから課題解決にあたるために，本研究では，まず現行のスタッフ支援型サービスにおける担当者の専門性（個人）と体制（組織）について，個別相談とガイダンスを事例にその実態を明らかにする質問紙調査をおこなった（2012年12月～2013年1月に国公私立887大学の担当者宛に郵送調査を実施（回収241通：回収率27.2％））。

具体的には，キャリア支援組織（主幹・職責別構成人数・対象学生数・他部門との連携），支援内容（個別相談やガイダンスの実施時期・回数・対象回生），支援策の運営形態（支援策の選択制・継続性・参加者数の把握と対応），支援担当者の属性（年齢・職責・勤続年数・当該部門の担当歴・企業勤務経験の有無），専門性（領域別スキルの自信度・能力開発）などを調査した。

ここでは紙幅の都合上，調査結果を以下の2点に絞り概要を示す。

まず，担当者は「適切なアドバイスを与え個別支援を必要とする層を判別する」専門性を有しているかを検討した。専門性は，キャリア支援に必要とされるスキルに対する自信度（19項目）で尋ねたが，これらは担当者の個人属性で言えば，年齢・性別・勤続年数・企業勤務経験では統計的な有意差がみられず，当該部門の担当年数（3年未満）においてのみ有意な差がみられた。さらに，組織の体制や担当者の勤務形態より，支援業務の外注化や職員の非正規化，加えて3年～5年でのジョブローテーションにより，長期的に同一業務の経験を積むことが難しくなっている現状もうかがわれた。

これらより，高い専門性を有した担当者のみが支援をおこなっているわけではないこと，担当者に対する専門職としてのキャリアパスや能力開発の機会が十分整っているとは言い難いことが明らかになった。

次に，現在実施されている支援サービス（個別相談・ガイダンス）が「潜在的なニーズの掘り起こし」のための有効な機会となっているかについて検討した。個別相談の実施状況，再来訪指導とその効果より，個別相談は，継続的な個別支援を必要とする層を判別する有効な機会となり得ることが推測されたが，同時に一部の大学でしか活用されていないことも明らかになった。また，ガイダンスの実施状況より，9割以上の大学で出席確認をしているにもかかわらず，

不参加者の詳細を把握して個別支援を必要とする層を判別する機会として活用している大学は少ないことも明らかになった。

これらより，現行の支援は「潜在的なニーズ」を掘り起こす機会として十分機能しているとは考えづらいことが明らかになった。

4．おわりに

以上より現行の大学におけるスタッフ支援型サービスは，「潜在的にキャリア支援を必要とする層」を判別しナビゲートするようなプロアクティブ型支援としての機能を十分有しているとは言い難いことが示された。しかしながら，「専門性」の高い「常勤職員」のみで，「全学生」を対象に個別相談やキャリアガイダンスを実施すべきと提案するのはコストの面からも現実的ではない。それゆえ，今後は，キャリア支援策を「リアクティブ」から「プロアクティブ」に再構築してくための適切な人材配置（職責や配置人数）や教育体制，あるいは現行の個別相談やガイダンスの運用方法について，「マネジメント」の視点からいかに予算をつけるかを含めた議論にまで発展させていくことで，実践的な提案をおこないたいと考えている。

（中川洋子：聖カタリナ大学）

（2012年度プロジェクト研究「大学におけるキャリア教育・支援の再構築に関する研究—キャリアサービスのデリバリー論からの検討—」）

【参考文献】

Sampson, J.P., Peterson, G.W., Reardon, R.C.&Lenz, J.G.（2000）"Using Readiness Assessment to Improve Career Service: A Cognitive Information-processing Approach," *The Career Development Quarterly*, 49, pp.146-174.

下村英雄（2013）『成人キャリア発達とキャリアガイダンス—成人キャリア・コンサルティングの理論的・実践的・政策的基盤—』労働政策研究・研修機構。

広島県内中小製造業のベトナム進出における
コア人材の採用・育成について

1．はじめに

　国内市場の縮小に伴う新市場開拓や低廉な人件費によるコスト削減等を目的とした日本企業の海外進出が増加している中，経営資源に限りがある中小企業にとって海外進出は喫緊の課題であるがハードルも高い。特に経営の中核を担うコア人材については，従来とは異なる「グローバル人材」であるため，その採用・育成が大きな課題となっている。本研究では，チャイナプラスワンとして今後増加が予想されるベトナムを対象に，広島県内中小製造業のこの問題への対応方法について，既にベトナムに進出している県内企業に対する調査に基づいて検討した。調査は，県内企業の本社へのヒアリングと，それを踏まえた現地法人の実地調査という2段階で実施した。

2．本社へのヒアリング

　既にベトナムへ進出している6社を対象に，①海外進出の目的，②コア人材の要件，③支援策の利用状況等について，2013年7月～8月に本社へのヒアリングを実施した。その結果，ほとんどの企業で，①経営環境の悪化に伴う中国からの撤退や取引企業からの進出要請による進出，②決定から開業まで6ケ月以内の短期間での進出，③行政等の支援策は利用していない，という共通点が見出された。これらの企業では，想定していない形での海外進出であり，しかもそれは短期間での操業開始という厳しいものであった。

　このような状況では，海外進出に必要なコア人材を社内で育成する余裕はなく，中長期での人材の採用・育成を中心とする行政等の支援策も無力であった。また，現地法人の設立時と操業が軌道に乗った後とでは求められるコア人材の要件に相違があることや，本社にくらべ現地法人の規模（従業員数，組織）が大きく，コア人材には大規模組織のマネジメント能力も求められることが判明した。さらに，ベトナム人従業員が賃金等の好条件を求めて頻繁に転職をおこなうことも共通して指摘され，ベトナム人をコア人材として採用・育成する上

で，彼らの就業意識に注目する必要があるとの結論が得られた。

3．現地法人の実地調査

　実地調査は，(1)ベトナム人コア人材の就業意識および就業状況，(2)日本人コア人材の実像，(3)現地法人の運営状況の確認等を目的として，企業3社，工業団地運営企業，および日本学科の大学生を対象に，ホーチミン市とその近郊で2013年10月におこない，以下の状況が明らかになった。

(1)　ベトナム人の就業状況と就業意識

　大学進学率が10％程度のベトナムでは，大卒および専門学校卒のホワイトカラーが社会的にエリート扱いされている。彼らの役割に対する期待もブルーカラーとは大きく異なり，初任給も3倍近い開きがある。ホワイトカラーは自らの専門分野でスキルを高め高額の報酬を求める傾向にある。転職の面でも両者は対照的である。ある調査企業では11年前の設立時に採用した大卒者10名のうち半数が現在もマネジャークラスとして残り，さらに上のポストを目指しているが，ブルーカラーは5年でほとんどが退職している。日系企業はブルーカラーを多く採用して社内で人材育成を図る傾向にあるが，現地法人のマネジメント強化のためには検討の余地がある。

(2)　現地法人設立時の日本人コア人材

　現地法人の設立時における海外経験者や一定以上の権限を有する日本人コア人材の重要性が明らかになった。調査企業の内，現地法人を立ち上げて間もない2社では，いずれも日本人コア人材が海外経験を有する中途入社組で，1社では日本本社の将来の社長候補で現地法人の立上げに全権を有していた。広範に情報収集をおこない必要な判断をその場で下すためには，この様な経験と権限の付与が不可欠である。

(3)　マネジメントの現地化

　日本本社にくらべ現地法人の規模が大きくなる傾向があるためマネジメントの現地化が進んでいる。ベトナムの日系製造業では，日本人1人に対してベトナム人100人が管理単位といわれているが，人材に限りのある中小企業の日本本社では，止む無くベトナム人にマネジメントの大半を任せざるを得ない状況である。現地法人では，日本人は社長と技術指導員の2名であとは全員ベトナム人という企業も多い。

4. 結論

本研究から，中小製造業のベトナム進出におけるコア人材の採用・育成に関する課題について，以下の解決策を提案する。

・**企業の活動ステージに応じたコア人材の活用**：設立から操業まで全てに対応できる人材の育成は，時間やコストの制約により困難である。各活動ステージで必要とされるコア人材の要件が異なるため，あらかじめコア人材（日本人，ベトナム人共に）の使い分けを念頭に人選をおこなうべきである。

・**現地化の促進**：現地法人のマネジメントはトップも含めて可能な限りベトナム人に任せる。ただし，経営理念の浸透や重要案件の決定等，企業活動の中核となる部分については，日本側が積極的に関与できる体制が望ましい。

・**ベトナム人の就業意識を反映した人事制度の構築**：ベトナムでは，ホワイトカラーとブルーカラーは役割，待遇に明確な違いがある。従業員のモチベーションアップ，定着率の向上を図るには，この点を考慮した人事制度を構築すべきである。

本研究では，上述のように実地調査に基づき一定の知見を得た。しかしながら調査対象が限られており，より一般的な結論を引き出すためには，ベトナム人の就業意識に関してより広範囲の調査をおこなう必要があろう。

（西村英樹：中小企業診断士）
（宮脇克也：広島大学）
（山本公平：広島経済大学）

(2013年度プロジェクト研究「広島県内中小製造業のベトナム進出におけるコア人材の採用・育成について」)

【参考文献】
鈴木岩行・谷内篤博（2010）『インドネシアとベトナムにおける人材育成の研究』八千代出版。
日経リサーチ社編（2014）『在アジア日系企業における現地スタッフの給料と待遇に関する調査—ベトナム編—』日経リサーチ社。

公益事業をめぐる会計的論点整理
―とくに簡易水道事業に関連して―

1．公益性，公共性そして地域性

　水道事業は，公益事業という呼称のとおり，公益性が強い事業分野である。多くの国家や地域そして時代において，営利組織によってそれが担われたことは稀である。そうした状況となったのは，人間や生物にとって水分が生体維持にとって重要だからである。

　そのような生体維持にとっての必要性は，たとえば古代ローマにおける水道事業の充実ぶりからもみてとれることである。わが国でも，江戸時代またはそれ以前から政治の要諦は「治水灌漑」にあったといっても過言でない。そうした要素や歴史そして必要性を有する水道事業はライフラインとして維持管理することが公共セクターにとっての必須事業であった。このような意味での重要性とともに，「限界集落」など小規模な「消費単位」に対しても水道を提供することは，公共セクターにとっても当然の義務である。このような地域や集落に対して，生活必需サービスとはいえ，その採算性を無視または軽視することは，経済的合理性のみからするとマクロレベルでは合理的な政策決定とはいいがたい。しかしまた，地域や集落における公衆衛生または社会政策の観点からすると，かような集落に対する簡易水道事業を存続そして維持管理する意義は十分にあると考えられる。

　この問題は，会計基準というルールと社会政策という社会厚生の関係をめぐるものでもあり，それは社会資本または地域社会と維持管理そして継続させるための政策判断でもある。

2．法律，慣習そして歴史の狭間

　ライフラインとしての特性と必要性を有する水道事業そして簡易水道事業においては，古来，制度的または法律的な充実は図られてきた。わが国のような農耕民族そして稲作の発展に起因して，水は生体維持のためだけではなく，農耕と密接に関連づけられてきた経緯がある。

そこにおいては，狭義の法律ができる以前から集落等において，黙示的または明示的な形態を有するルールまたは掟が形成，運用されてきた歴史がある。水源が潤沢な地域においては，そうしたルールまたは掟が大切ではないこともありえようが，それでも，自然災害や日照りまたは旱魃の際には，かような掟または慣習が重要な意義を有することになる。こうした掟または慣習でも解決できない場合には，村民にとっては死活問題であり，「水争い」という紛争にまで発展してきた経緯もある。そのような意味と側面において，簡易水道にかぎらず水道事業などの公益事業の多くは，狭義の法律が制定される以前から慣習として形成されてきたものである。

こうした意味と側面において，また先述した意味での要素や背景をほぼすべて包含しているからしても，簡易水道事業を含む水道事業を調査研究する意義は大きいと考えられる。一定規模以下の集落における生活必需サービスとしての簡易水道事業に対して，狭義の法律を適用することを意図しているものであり，そこでは，水道事業については変わらないが，その法律的かつ会計的な意義や位置づけが変化する事柄である。これまでに述べてきた事柄や要素が「交錯する場」のが簡易水道事業に対する地方公益企業法適応化問題なのである。

3．企業（会計）との関係と相違

公益事業の一部についてはともかく，地方自治体やその関連組織において企業会計や複式簿記を機械的に採用することについては，そもそもの設置趣旨からしても疑問の余地がある。それにもかかわらず，近年のわが国においては，あまりにも安易に地方自治体等に対して企業会計の手法や発想をほぼそのまま採用するケースが散見される。ここで問題になるのは，営利組織である企業や株式会社と非営利組織である公益事業の組織上，経営上そして会計上の相違を無視または等閑視した議論がまかり通っている点である。

企業経営あるいは企業会計の意義や手法を熟知していない人物や組織が，地方自治体等のそれに対して，その手法や発想をほぼそのまま適用することには問題がある。そこでは，企業会計や複式簿記の安易な採用による根拠のない安心感とでもいうべきものが存在しているようにも感じられる。地方自治体の役職者や職員の多くは，企業経営や企業会計に対する無理解に起因する抽象的な憧憬から，企業会計や複式簿記を過信しているのではないか。

水道事業を含む地方自治体としての業務内容と，企業経営や企業会計に共通

した特性がある。それは維持拘束すべき資本概念である。公的なものであれ私的なものであれ、経済社会的な必要性があれば、そうした事業継続は必然であり、そこでは事業継続に必要不可欠な資本維持が肝要となる。

4．独立採算性と企業会計の適用

　水道事業においては、簡易水道事業を含めて、原則的に独立採算性を採用している。これには歴史や慣習そして地域性が大きく影響している。また地方自治体または広域組合等を料金算定単位とした独立採算性を採用しないとしたら、水源の豊富な地域とそうでない地域の間での不公平が生じるにしても、生活必需サービスであるがゆえに、その事業継続が最重要であり、地域ごとの独立採算性採用には経済的にも会計的にも合理性を有している。

　こうした考え方のほかにも、受益者負担の観点から地域ごとの独立採算性が支持される根拠がある。地域住民からすると、移住時期の相違による受益期間に相違はあろうとも、またそのための「修正計算」が妥当であろうとも、その計算実施コストが膨大となることからすると、その地域の住民を、独立採算性のもとで等しく取り扱うことには合理性があると考えられる。

　また公益事業等における会計情報利用者としては誰が想定されているのかという問題がある。公益事業等の公共サービス提供事業においては、企業会計におけるような会計情報利用者は存在していないように思われる。

　極論すれば、水道事業を含む公益事業等の事業者は、企業会計や複式簿記を採用する積極的な理由を自覚していないのではないか。総務省等からの公式または非公式な「要請」から、非自発的にそれに準拠しているだけではないのか。それにもかかわらず、水道事業を含む公益事業等に対して企業会計や複式簿記を適用する根拠があるとしたら、水道料金計算における経済的、会計的な合理性を確認し、受益者負担の合理性の確認にあると考えられる。

（星野一郎：広島大学）

先進経済国と新興経済国における企業の成長戦略論

1．はじめに

　企業戦略に関する初期の理論は，成長をキーワードに1950年代頃から盛んに議論されてきた。Penrose，Chandler，Ansoff，Rumelt などが代表的であるが，多角化戦略を中心にした企業の成長戦略研究が多い。これまでの企業成長戦略研究では，先進経済国の大企業は関連分野への多角化によって規模の拡大を実現する傾向があると指摘されている。一方，先進経済国とは対照的に，新興経済国の大企業の成長には，関連多角化戦略ではなく，非関連分野への多角化を図ることで大規模化を達成していることが明らかにされている。しかし，この傾向を認めた場合でも，同じ新興経済国としての中国企業を対象に，体系的に分析した研究はまだ少ない。

　本稿は，これまで大企業が成長の結果として規模を獲得したと考えられている点を踏まえて，先進国企業と新興国企業に分けて，さらに中国企業に関する議論を取り入れることで企業の成長戦略論を再検討し，比較による新たな知見を得ることが目的である。

2．先進国企業を対象にした先行研究

　1980年代半ばに経営資源ベースの戦略論の議論が登場し，企業がダイナミックに環境に適応し，さらに経営資源やケイパビリティに基づいて成長を図ることが重要だと，企業の成長と関連づけてしばしば議論される。

　また，先進国企業を対象にした先行研究では，共有するリソースとケイパビリティが範囲の経済をもたらすという経営資源ベースの視点に基づいて多角化研究が進んでいる。その中でも，特に多角化戦略と経済成果の関連についてはこれまで多くの研究がなされてきた。つまり，経営資源ベースの理論に基づけば，先進国では関連事業グループの方が収益性が高く，企業が関連する経営資源やケイパビリティに基づいて成長し大規模化すると考えられ，関連した事業に進出して規模を拡大していくとされている。

一方，新興経済国においては，必ずしも同様な傾向がみられるとはいえない。以下では，先進経済国で形成された成長を目指す戦略理論が新興経済国や中国で妥当するかについて先行研究をみていく。

3．新興経済国における大企業に関する議論

1990年代に入った後，先進経済国の企業が事業の絞込みをおこない，「選択と集中」は企業経営の基本課題として認識されてきた。

一方，Li & Wong（2003）は，先進経済国ではコア事業における集中が企業の主要戦略になり多くの企業は事業を絞り込むが，新興経済国では事業集中の戦略をとらない場合も成功例が多いことがあるため，機械的に理論を新興経済国に応用すると不利になる可能性があると指摘している。また，新興国では先進国とは異質な現象が報告されている。Khanna & Palepu（1997）によると，新興国では大企業の成長に当たって，非関連の業種による企業グループ，いわゆるコングロマリット大企業が現在最も有力な企業形態となっている。Khanna & Palepu（1997）によると，一般的な特徴として先進経済は，制度環境の5つの要素である製品市場・資本市場・労働市場・政府規制・契約実施が整えられているのに対して，新興経済では，市場条件の不足や法律・規則の不完備，矛盾した契約の実施など，制度面での不確実性という状況が存在する。つまり，新興市場の制度背景が先進国とは異なるため，関連した事業に進出して成長して規模を拡大していくより，制度に欠けているものを調達する能力をもつ新興国の大企業が非関連事業分野への多角化を図ることで成長し，大規模化を達成している。

一方，中国は新興国であるため，他の新興国と同じく，基本的な企業経営を支援するための必要な制度の提供が不足しているが，他の新興国とは経済制度が異なっている。そのため，計画経済（1978年以前の計画経済下で設置された社会主義企業は巨大規模での創業がなされた背景がある）の下で，政府の指示によって規模が設定されたことによる大企業では，新興国のコングロマリット企業と同じように制度の欠落を補うという保証はない。

中国の大企業を対象に中国企業の状況または成長を分析した研究は主に4つの視点からなされている。1つ目は，多角化戦略を中心とした成長戦略の視点である。これらの研究は，中国企業を対象に研究する場合は所有形態を考慮する必要性があると指摘していることが多い。2つ目は，中国企業の所有に注

目する視点である。これらの研究は所有の重要性を強調している。3つ目は，ネットワークベースの視点である。これらの研究は組織間ネットワークと成長の関連を分析し，移行期経済における中国企業は成長戦略の特徴としてネットワークに基づく戦略をとるという特徴があると議論している。4つ目は，レント・シーキングの視点である。これらの研究はネットワーキング議論の展開であり，市場ではなく当局への働きかけなどの活動（レント・シーキング活動）で目標を達成しようとする企業活動に注目し，その多くは民営企業を対象にしている。

つまり，中国大企業に関する議論は主に上述した4つの視点に基づいておこなわれている。これらの研究では，既存の戦略論で中国企業を分析することはできないという点に焦点を当てている。

4．まとめ

これまでの成長戦略論と中国企業に関する研究成果の論点をまとめると，以下の新しい知見が得られる。第1に，中国の場合は計画経済下で最初から大規模に創業された企業があり，成長プロセスを経てない企業が存在するため，先進国および新興国における大企業の戦略論をそのまま中国企業に適用することは不適当のように思われる。第2は，中国固有の問題として，経済体制の相違からくる所有形態の問題があるため，体系的に企業の成長戦略を分析する際に，先進国，中国以外の新興国と中国に分けて議論する必要がある。

（江　向華：広島大学）

【参考文献】

Khanna, T.& Palepu, K.G.（1997）"Why Focused Strategies may be Wrong for Emerging Markets," *Harvard Business Review*, Vol.75, No.4, pp.41-51.

Li, M.F.& Wong, Y.Y.（2003）"Diversification and Economic Performance: An Empirical Assessment of Chinese Firms," *Asia Pacific Journal of Management*, 20, pp.243-265.

包括的租税回避否認規定創設の必要性

1．はじめに

　企業活動の急速なグローバル化・ボーダレス化が進展する中で，国際課税の諸問題が大きく取り上げられている。とくに米国の多国籍企業による租税回避スキームは合法的に実効税率の引下げをおこない，その行き過ぎたスキームが法の濫用による租税回避行為として話題となった。このような租税回避は個別的否認規定では対応できないため，近年各国において包括的否認規定が創設されている。本稿では紙幅の関係上，詳しく述べることはできないが，BEPS（base erosion and profit shifting）報告書にも例示され，最近わが国においても不当な租税回避として，課税当局が法人税法第132条（以下，「法」とよぶ）を適用して否認をおこない現在訴訟となっている Debt Pushdown と呼ばれる租税回避スキームを紹介する。

2．BEPS

　経済協力開発機構（以下，「OECD」とよぶ）は2013年2月，BEPSに関する最初の報告書を，同年7月BEPSに関する行動計画を公表した。BEPSとは，各国の税制の差異を利用した租税回避スキームによる，税源浸食と利益移転に対応するために国際的に包括的な透明性のある基準を作成することを目的としている。このBEPS報告書では，タックスプランニング・ストラクチャーの事例を，6つに分類のうえ説明をしている。
(1) ハイブリット・ミスマッチと租税裁定取引
(2) デジタル商品等から生ずる利益の租税条約の概念適用
(3) キャプティブ保険，イントラグループによる金融取引
(4) 移転価格の問題，とくにリスクと無形資産の移転にかかるもの
(5) 包括的否認規定，外国子会社等合算税制，租税条約の濫用を防止するための規則
(6) 有害な優遇措置の利用可能性

Debt Pushdown は，このなかのイントラグループによる金融取引に含まれる。

3．Debt Pushdown

(1) BEPS 報告書

① Debt Pushdown は BEPS 報告書においてハイブリッド・エンティティを使用するスキームとして紹介してある（図表1）。

図表1　Leveraged acquisition

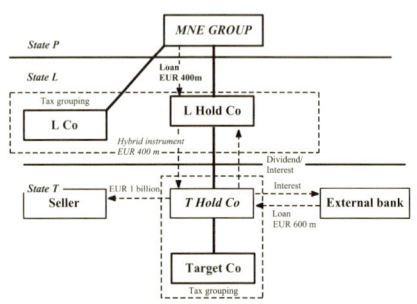

出典　OECD（2013）

② その方法は，P 国に所在する MNE グループは T 国に所在するターゲットとなる企業を買収するにあたり，L 国に L Hold を設立する。L Hold は T 国に T Hold を設立し，T Hold が売主からターゲット企業を買収する。買収資金のうち60％は T 国の金融機関から借入によって調達し，残額は P 国に所在する MNE グループから L Hold に貸し付け，L Hold はその資金をもって T Hold が発行する Hybrid instrument を引き受ける。この Hybrid instrument は T 国では負債として取り扱われるが，L 国では株式として取り扱われる。その結果，T 国では借入にかかる利子相当額が控除されるが，一方 L Hold は配当金として L 国の課税対象から除かれ，さらに L 国においてグループ納税を採用することにより MNE グループに支払う利子相当額を L 国の他法人から控除可能となる。

③ T Hold は Hybrid instrument にかかる利子相当額と T 国金融機関の利子相当額が控除される。本スキームでは T 国において T Hold がターゲット企業を買収に要した資金利子を，グループ納税を採用することにより，ターゲット企業に負担させることが可能となる。

(2) わが国の事例

① Debt Pushdown を利用したとされるわが国の事例は，フランス法人の子会社である米国法人が，オランダに子会社を設立し，そのオランダの子会社が日本に合同会社を設立し，合同法人は，出資金の3倍弱の借入金をフランス法人からおこなった。合同法人は米国法人が日本において設立していた子会社の株式を売買により取得した。合同法人は，その取得した子会社を吸収合

併をおこなった。この合併によりフランス法人へ支払う借入金の利息相当額は，消滅した法人がおこなっていた事業の利益から控除されることになった。この利息を課税当局は否認したとされる。

②法第132条で否認することには問題がないのか

本件の課税処分は，個別的否認規定で対応することができないため，法第132条で否認したとされる。税負担を不当に減少をさせたことが，適用の根拠であろうが，合理的経済人としては税負担の軽減を図ることは当然であり，今後明らかにされるであろう事実関係に注目したい。なお2013年4月1日以降に開始する事業年度からは，租税特別措置法に，いわゆる過大資本税制の制定がされ個別規定によって制限がされている。

4．おわりに

2013年7月英国において包括的否認規定（general anti abuseRule：GAAR）が制定された。英国の裁判所は法的形式を重視し，租税回避スキームには個別否認規定で対応してきたことがわが国と類似しているといわれる。わが国の税務コンプライアンスは高いといわれているが，法律の根拠なしに課税がおこなわれることは，法的安定性や予測可能性の確保の点から大きな問題がある。英国GAARは適用に関して諮問委員会（advisory panel）の存在があり，たいへん興味深いものである。

筆者は包括的否認規定を創設することには賛成できないが，国際課税の隙間を利用した，行き過ぎた租税回避行為に対するためには，わが国においても，規定創設を十分に検討することが必要であろうと考える。

（佐伯健司：広島大学マネジメント研究センター）

【参考文献】

OECD編（2013）*Addressing Base Erosion and Profit Shifting.*（居波邦泰訳（2013）『税源浸食と利益移転（BEPS）行動計画』日本租税研究協会）．

平川雄士「国際課税における実務上の最新の諸問題について」『租税研究』Vol.757, pp.186-202。

岡　直樹（2013）「GAAR STUDY：包括型租税回避対抗規定が英国税制に導入されるべきか否かについての検討－アーロンソン報告書（2011年11月11日）」『租税研究』Vol.766, pp.469-498。

今村　隆（2013）「米国における最近の国際的租税回避に対する議論の状況」『租税研究』Vol.768, pp.193-210。

簡易水道事業の法適化の背景
―財政措置制度による推進―

1．はじめに―簡易水道等施設整備費国庫補助金取扱要領の改正―

　簡易水道事業は地方自治法（昭和22年4月17日法律第67号）第209条第2項及び地方財政法（昭和23年7月7日法律第209号）第6条に基づく事業である。しかし，簡易水道事業では独立採算制が徹底されず建設改良財源も国庫補助に依存している。しかし，平成19年「簡易水道等施設整備費国庫補助金取扱要領」（以下，要領という）の改正により，平成28年度末をもって「簡易水道等」の国庫補助事業を終結する方向性を打ち出した。
　改正内容は国庫補助対象事業を平成18年度以前と平成19年度以降に区別し，平成19年度以降に実施される建設改良事業については平成21年度末までに統合計画書に記載された事業のうち「特定簡易水道事業」，「特定飲料水供給施設」と位置づけたものに限定した。
　この要領改正が建設改良財源調達の面から簡易水道事業会計の地方公営企業法の適用（以下，法適化という）や統合化を誘導していることを明らかにすることが本稿の目的である。

2．和歌山県X町の簡易水道事業統合化計画の分析

　法適化には，官公庁会計（半発生主義・カメラル簿記）から企業会計（発生主義・複式簿記）への変更を伴う。官公庁会計は特別会計（地方自治法第209条第1項）の資産，資本及び負債を誘導法的に認識測定する機構を有しないため，現有する簡易水道事業特別会計が有する財務資源を認識測定する作業，資産，資本及び負債全般にわたる「実地たな卸」に似た作業などの会計システムの変更が必要となる。要領改正により平成19年度以降老朽水道施設の更新財源を国庫補助金より調達するには，簡易水道の統合，計画給水人口の変更により5,001人以上となれば，水道法（昭和32年6月15日法律第177号）第2条により上水道事業とされ，独立採算制が布かれる法適化が強制される。
　和歌山県X町が提出した平成19年11月8日付「簡易水道事業統合計画書」

図表1　X町簡易水道事業統合計画の分析

1区分		メルクマール1	メルクマール2	X町
水道未普及地域解消事業	新設, 広域簡易水道など	水道未普及地域		該当
簡易水道再編推進事業	1 統合簡易水道	特定簡水・該当	平成21年度末までの「簡易水道事業統合計画」の提出	該当
		特定飲供・該当		該当
	2 簡易水道統合整備事業	特定簡水・該当	上水道施設との統合	非該当
		特定飲供・該当		非該当
生活基盤近代化事業	増補改良 基幹改良 水量拡張	特定簡水・該当	平成21年度末までの「簡易水道事業統合計画」の提出	該当
		特定飲供・該当		該当
		平成19年度以降上水道事業の統合	上水道施設との統合	非該当

出典　筆者作成

（X上下第207号）に添付された「行政区域内水道事業等一覧表」を図表1のように分析すると「特定簡易水道事業」,「特定飲料水供給施設」にすべて該当している（各施設の定義は「簡易水道等整備費国庫補助取扱要領」による）。

　もちろん，要領の要件に適合していても簡易水道を統合しない途はあり得るが，X町では，老朽水道施設更新財源を自主財源からの支出を最小にするために，「簡易水道再編推進事業」に該当するとして国庫補助対象とすることが有利であり，地方自治法第2条第14項，地方財政法（昭和23年7月7日法律109号）第4条，第8条（最小経費最大効果原則）にも規制される。統合化によりX町水道事業は上水道事業となり，地方公営企業法が当然適用される。我が国の行政政策である簡易水道事業の法適化，簡易水道の統合，上水道事業化もまた実現されることになる。

3．公営企業債の起債について

　建設財源の調達方法には国庫補助金以外に企業債が存在する。「建設改良費」に該当する限りにおいて，起債可能であり，総務省告示「地方債充当率」では，地方債充当率も公営企業債として，簡易水道事業，上水道事業と同様に「100％」とされている。国庫補助を受けることができなければ地方公共団体の

単独事業となるが，国庫補助金は返済の必要のない財源であるのに対し，企業債は返済が当然必要な財源調達方法である。自己財源が乏しい小規模団体には建設改良事業を統合推進事業に連動させ簡易水道の統合，法適化を政府方針として推進しているといえるのである。

5．おわりに—独立採算制とその射程と法適化・統合化の再定義—

　簡易水道のみを経営する地方団体からは独立採算制が布かれると，水道経営が極めて困難になるという意見がある。地方公営企業法法第17条の2第2項は「独立採算の原則」を示し，同条第1項第1号で一般会計が負担すべき行政経費の範囲を明らかにしている。地方公営企業法は水道事業について，不採算経費に対する一般会計からの繰出しを認めていない。しかし，総務省繰出基準には「出資に要する経費」には不採算経費の範囲が含まれ，地方公営企業法の経費負担区分と地方財政上の取扱いが完全に一致していない。総務省も「政策的判断により一般会計から繰入を受けることは，採算性の観点から，ある程度やむを得ない面がある」とし，一義的な独立採算をもとめていない。地方自治法第1条の2第1項に基づき，不採算事業であっても遂行しなければならない地方公営企業の存在から観て当然である。

　法適化は独立採算制の射程距離を計る手段であり，簡易水道の統合は水道事業経営の効率化を志向するものとして再定義し，確認する必要がある。

（石﨑善隆：広島大学大学院博士課程後期）

(2012年度プロジェクト研究「簡易水道事業の地方公営企業法適用化に関する調査研究—広島県，愛媛県等における実態をもとにして—」）

【参考文献】
「簡易水道等施設整備費国庫補助金取扱要領（厚生労働省事務次官通知　各年度）。
『2012改訂版水道事業実務必携』全国簡易水道協議会（各年度版）。
「地方公営企業繰出金について（通知）」（総務副大臣通知　各年度「繰出基準」）。

4．ながれをつくる

フードバンク活動における運営主体と行政の日韓比較

1. はじめに

　近年，経済的理由で適切な食事を摂取できない高齢者の増加が問題となっている。高齢者の不適切な食事は，低栄養を容易に招き医療費や社会保障費の増大の一因となる。そこで，高齢者の食を保障する仕組みを作りたいと考えフードバンクに着目し，筆者は2007年に「NPO法人あいあいねっと（フードバンク広島）」をたちあげた。フードバンクについての学術的な定義はないが，一般的には「食品関連企業や農家などから食べ物としては問題がないのに市場に出すことができない食品を無償で引き取り，それを必要としている人々を支援している団体に無償で分配する活動」と理解されている。1967年にアメリカで生まれ，先進国を中心に拡大しグローバルな活動となっている。日本では，2000年に始まり，現在，全国で約40の運営主体が存在している（農林水産省ウェブサイト）。活動をおこなう中で，市民活動としてのフードバンクに関して体系的に研究したい，社会学の知識を積みたいと考えるようになりマネジメント専攻に入学した。終了後も引き続き，行政との関係性についての研究が必要であると考え，表記のテーマでプロジェクト研究に応募し採択された。

2. 日韓のフードバンク活動の組織，活動，行政との協働，関係性の比較

　近年，日本国では貧困者の増加にともない，フードバンクの社会的評価が高まっているものの，行政における評価はさまざまであり，今後の展開方策として行政支援，協働を望む主体が増えている。NPOと行政との協働においては，NPOが行政の下請けとなり対等な関係性を維持することが困難であり，NPO本来の存在意義が損なわれる危険性も指摘されている。フードバンク活動の今後の方策として，行政との好ましい関係性を考察したい。

　韓国では，社会福祉協議会を窓口として，行政がフードバンク活動に対する全面的支援をおこなっており，全国規模で活動が展開されている（章，2012）。
　本研究では，非営利市民組織活動発展の視点から，フードバンク活動の運営

主体者と行政の関係性について，2012年9月と2013年10月に韓国を訪問し，社会福祉協議会，フードバンク運営主体などでインタビュー調査をおこなった。原田（2012）を参照し，日韓のフードバンク活動を組織，活動，行政との協働，関係性で比較した（図表1）。

図表1　フードバンク活動の組織，活動，行政との協働，関係性の日韓比較

		日本	韓国
組織	ミッション	●食品ロスを削減する。 ●生活困窮者を救済する。 ●地域を活性化する。	●生活困窮者を救済する。 ●分かち合い文化の醸成。
	組織の形態と運営	●すべての運営主体は市民による非営利組織である。	●食品を，生活困窮者に提供する運営主体は，非営利市民組織であるが，国が国策として支援。
活動	食料の流れ	●各運営主体は，個別に食品関連企業から無償で食料の提供を受け，それを必要とする生活困窮者支援団体に無償で分配している。 ●直接個人に提供している例は少ない。	●食品関連企業などから寄贈された食料は，生活困窮者支援団体に提供されている。 ●フードマーケットでは，生活困窮者に寄贈物品を直接提供している。
	活動方法	それぞれの運営主体が，それぞれのミッションを掲げ，独自の方法で活動をおこなっている。	保健福祉部が社会福祉協議会に業務を委嘱し，全体の管理を組織的におこなっている。
	ホームレス支援	すべての運営主体は，ホームレス支援活動をおこなっている。	ホームレス支援はない。
行政との協働		一部のフードバンクのみ。	全面的に協働している。
行政との関係性		一部のフードバンクのみ関係性を構築している。	国策であり通常の市民組織との関係性ではない。

出典　筆者作成

3．比較検討からわかったこと

　原田（2012）によると，日本のフードバンクは，自発的な市民活動が中心で行政との協働はほとんどおこなわれていない。その特徴は，ミッションの多様性にあり，「生活困窮者救済」「食品ロス削減」「地域活性化」の3つに大別され，すべての運営主体において共通してホームレス支援がおこなわれている。この度のインタビュー調査により，韓国のフードバンクは，地域の高齢者や欠食児童などの生活困窮者救済をミッションとしており，そのため，協力企業への優遇措置，物流機構や情報システムの整備，支援対象者登録制度など，行政がさまざまな支援をおこない，フードバンク運営主体と一体となって大規模な組織的活動をおこなっている。しかしながら，欧米や日本と違い，ホームレス団体への食料の支援は，ほとんどおこなわれていないことがわかった。

4．おわりに

　韓国のフードバンク活動に見られるように，行政が主導する型で取り組めば，システム化され効率よく社会秩序の中に組みしやすい。その反面，非営利市民組織活動として一義的に取り組むべき「行政や市場では解決できない課題」がクリアできないというデメリットもある。今後，韓国の事例は参考にすべき点が多々あるものの，行政との協働にあたっては，フードバンク運営主体が主導となることが望ましいと考える。それには，まず，行政におけるフードバンク活動の多様性に関しての認知と共に，運営主体が明確な活動ミッションをもつことが必要であると考える。

（原田佳子：NPO 法人あいあいねっと・フードバンク広島理事長）

(2013年度「韓国におけるフードバンク運営主体者と社会福祉協議会の関係性の研究」)

【参考文献】

農林水産省ウェブサイト　http://www.maff.go.jp/j/shokusan/recycle/syoku_loss/foodbank/，2014年1月8日閲覧。

章　大寧（2010）「韓国の Food Bank 制度―環境・資源的役割に注目して―」『南九州大学研報』40B, pp. 21-35。

原田佳子（2012）「わが国のフードバンク活動に関する実態分析」広島大学大学院社会科学研究科マネジメント専攻修士論文。

中小企業における経営理念の浸透促進に関する研究
―アイデンティティの知覚に着目して―

1．はじめに―研究目的・ねらい―

　本研究の目的は，中小企業が厳しい経営環境のもとで事業を継続していくために必要となる経営理念の浸透促進について，それがいかに組織メンバーの一貫した行動を喚起し，一体感の醸成による協働体制の構築につながるのかを検討することにある。

　そこで，経営トップはもとより，組織において重要な連結ピンの役割を担うものと Nonaka & Takeuchi（1995）が指摘したミドル・マネジャーが，経営理念の受容や具現化を図る中で知覚するアイデンティティに着目した単一ケース・スタディを実施し，その結果から中小企業における組織活性化に活かし得る成果を公表する。

2．ケーススタディ

　瀬戸（2008）によれば，経営理念とは「創業者や経営継承者の経営に係わる思想・哲学を表現したものであり，全ての組織成員で理解し共有すべき行動指針を明示したコミュニケーションのベース」と定義される。そこで本研究では，中小企業が組織の活性化を目的とした経営理念の浸透促進をいかに図っているのかについて，組織成員にかかわるアイデンティティの観点から検討するため，半構造化面接法によるケーススタディを実施した。

　本スタディを実施したA社は，1971年の創業以来，冠婚葬祭互助会および宿泊業を営んでいる同族経営の中小企業である。資本金は8,000万円で，3社の子会社・関係会社を有しながら広島県および山口県下で25事業所を展開している。全従業員481名の内，正社員は188名であり，ミドルに相当する部長，次長，課長，課長代理，係長の総数は49名である（2013年4月現在）。

　経営理念の浸透問題に言及した既存研究では，組織の活性化に向けた役割や機能についての多様な議論がなされている。筆者が着目した議論の例として，価値観の共有，意思決定基準の明確化，組織成員の動機づけやモチベーション

向上のベース，組織の内部適合や外部適応，組織文化の創出・表現が挙げられる。

そこで本研究では，ケーススタディによる発見事実の分析にあたり，経営トップの個人アイデンティティとの同一化がみられる経営理念は，その浸透プロセスにおいて組織成員に対する内面化が図られ，行動力を伴った協働体制の構築をもたらすとの仮説を設定した。

分析にかかわる視座は，経営理念の浸透促進を図ることと，個人・組織・社会的アイデンティティを知覚することとの関係である。組織成員が経営理念の内面化を図っていく中で，自身を所属組織に同一化・一体化（Identification）させる上で必要となるアイデンティティを知覚することが，いかなるかかわりを示し，その結果としていかに組織内の協働につながっているのかを明らかにする。

3．研究成果

前述の仮説について，組織成員が経営理念を基軸としながら捉えている以下の諸概念で構成するモデル図をもとに述べる。具体的には，行動指針，組織文化，個人アイデンティティ，組織アイデンティティ，社会的アイデンティティ，内面化，経営姿勢，行動力である。これらの概念の関係について，本ケーススタディ結果をもとに検討した結果をまとめたものが図表1である。

図表1の要諦の1点目は，経営トップの個人アイデンティティは経営理念を基軸に形成され，その内容はA社の組織アイデンティティとほぼ同一化されていることである。

2点目は，ミドルの個人アイデンティティは経営トップの個人アイデンティティをもとに知覚され，トップにより知覚されている組織アイデンティティをもとに経営理念が受容されていることである。

3点目は，社会的アイデンティティの知覚を通じて，経営トップは自らの意思決定や言行を内省し，ミドルは強化していることである。

A社においては，以上の結果が，組織成員に対し経営理念の内面化を図る際の基軸となっているものと評価できる。

図表1　経営理念基軸のアイデンティティ知覚による協働体制構築

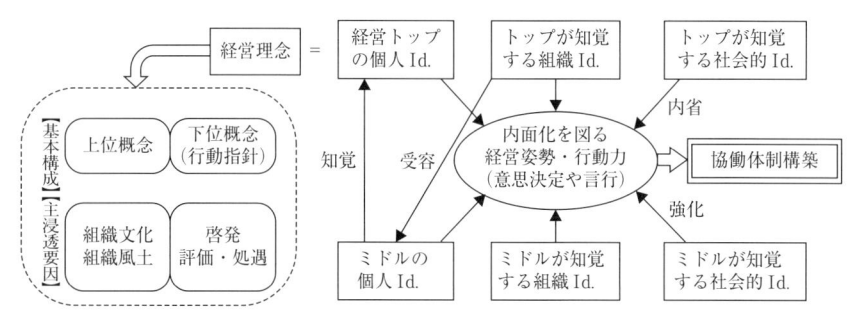

Id.はアイデンティティの略。
出典　筆者作成

4．残された課題

　本研究の成果は，同族経営の中小サービス業1社を対象としたケーススタディから導出されたインプリケーションに基づく分析結果である。しかし，人材の流動化が激しい中でのマネジメントが求められるサービス産業の現状を鑑みると，本成果を経営の現場で活かすためには，他企業における再現可能性の観点から本成果の一般化に向けた多様な追試が求められる。

　また，着目したアイデンティティに関しては，強烈な集団としてのアイデンティティと，組織成員が知覚する自我の意識としての個人アイデンティティとの関係や差異について，組織内での様相をもとに明確化する必要がある。

（瀬戸正則：社会保険労務士）

(2013年度プロジェクト研究「経営理念の浸透推進による中小企業の現場改善に関する研究―アイデンティティの知覚に着目して―」)

【参考文献】

瀬戸正則（2008）「経営理念の組織内浸透におけるコミュニケーションに関する研究―同族経営中小企業における経営者・中間管理職の行動を中心に―」『経営教育研究（日本マネジメント学会）』Vol.11, No.2, pp.125-139。

Nonaka, I. & Takeuchi, H.（1995）*The Knowledge Creating Company*. Oxford University Press, Inc.（梅本勝博訳（1996）『知識創造企業』東洋経済新報社）.

企業情報システムにおけるIT化知識の継承の取組みと課題

1. はじめに

　情報システムにはビジネスプロセスの知識が埋め込まれており（このことをここでは「IT化」と呼称する）、その知識の継承は企業の競争力を高めていく上で必須となる。筆者は企業現場で、知識継承不全の状況に直面し、その要因はなにかとの問題意識をもったことから研究を継続しておこなう中で、IT化した知識の存在もその一因であることがわかった。しかしながら、実践的な対応方法や組織的なITケイパビリティの育み方についての議論が残されたままである。

　そこで、本研究では、特に企業現場でのIT化された知識の継承の取組み内容を調査し、IT化知識が継承されないメカニズムを明らかにし、その課題を検討する。

2. 企業経営とそれを支えるITとの関連性および知識とその継承

　知識そのものは時間と共に陳腐化し、外部環境に応じて適切に更新ないし増殖しなければ適切な判断や行為に結びつかないと遠山（2003）が指摘するように、既存の知識資産を元に新しい知識が継続的に創出されていく。Penrose（1959）はマネジメントチームの一員になるための「隠された投資」、すなわち成長のための「経験」が必要になることを指摘している。ここでいう「経験」は、ビジネスプロセスの知識獲得と同義であり、知識の更新・増殖の仕方も含まれていると考えられる。それは担当者間で自然に知識が継承されることを前提としている。ただし、IT化は「経験」を自動化できるものとそうでないものに二分する。たとえば、Gorry & Morton（1971）はIT化可能な意思決定（構造的、半構造的）とIT化できないもの（非構造的）を区分している。これはビジネス知識の一部はIT化されることを示している。ここでのIT化はただ構築するだけではなく、ビジネスプロセスの更新も含めていて、IT化した知識もまた継承していくことが必要なことを示唆している。

IT化知識と非IT化知識を組織の枠を超えて重層的に維持管理・継承することは困難となる状況となり，これが長期にわたるとビジネス知識のブラックボックス化が静かに進むことが考えられる。

3．事例調査の実施と結果

IT先進企業3社を対象に現地にてインタビュー調査をおこなった。調査結果を以下2点に絞って説明する。第1に，IT化知識の継承パターンとして2つのパターンが存在している。1つはスクラップ＆ビルド型の革新的アプローチである。これは基幹システムを一定年数経過後にリニューアルされる場合に多く見られ，経営の外部環境変化への対応を主としておこなわれる。もう1つはシステムの表面的な保守を中心とした漸進的アプローチである。対応内容は部分的でありシステム構造の根幹を変化させることは少ない。この2つのアプローチの関係をみると，数年ごとにおこなわれるスクラップ＆ビルドアプローチに対してその間隙を漸進的アプローチでカバーしている構図である。ただ，近年はスクラップ＆ビルド費用の増大等により漸進的アプローチ期間が相対的に長くなる傾向にある。A社では40年超のケースもあった。期間が長いほど「知識の幅の矮小化（ここではIT化知識に対する理解が，部分的ないしは手順的となり全体像や本来の目的の把握が不明確になった状態を念頭に置いている）」が起きていることもわかった。

このため，保守対応した当時より，その後一定期間を経過しておこなう次の保守対応時に知識の幅が矮小化された情報での作業となるため，どこに手を加えるか判別が困難となるなどの状況に陥るケースが確認された。

第2に，ビジネスプロセスで保持する知識の組織的なキャパシティに関する視点である。組織が保持する知識の容量には限界があり，オーバーフローした知識がブラックボックス化する見方がある。C社では，この見方に基づき，そのビジネス価値＆コストの観点から，知識をよりよいものに置き換える，とのコンセプトを採っていて，作ったものを守る（保守する）という考え方ではなかった。このため，知識管理を組織的に組込むような業務プロセスが展開されていた。

これまで述べた調査結果をモデル化して次ページの図表1に示す。このモデルでは，IT化知識においては，2つの要因，すなわち矮小化と組織的キャパシティ・オーバーが時間的経過により累積しブラックボックス化が進展するこ

図表1　IT化知識のブラックボックス生成

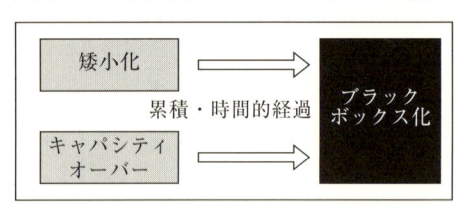

出典　筆者作成

とを示している。知識継承を時間軸からみると，この漸進的アプローチを繰り返していると保守作業の繰り返しの中で知識の幅が矮小化し，ブラックボックス化が進展することがわかった。一方，ブラックボックス化要因でみると，組織で保持する知識容量の限界（＝キャパシティ・オーバー）からくるブラックボックス化も存在することがわかった。矮小化された知識の集合体によりブラックボックス化が進展しながら，知識容量の限界に達しオーバーフローすることでさらにブラックボックス化が進展する複合的な構造が考えられる。

5．おわりに

今後，知識の幅の矮小化とキャパシティ・オーバーの2つの要因の関係性などとともに，知識の時間的経過による量的・質的レベル変化の研究を進める中で，実践的な展開の理論的な拠りどころも探っていきたい。

（村中光治：マツダ株式会社）

(2012年度プロジェクト研究「企業情報システムにおけるIT化知識の継承の研究」)

【参考文献】

Gorry, G.A. & Morton, M.S.S. (1971) "A Framework for Management Information Systems," *Sloan Management Review*. Vol.13, No.1, pp.55-70.
中山康子（2007）「知識継承のしくみづくり」『人工知能学会誌』第22巻，第4号，pp.467-471.
Nonaka, I. & Takeuchi, H. (1995) *The Knowledge-Creating Company: How Japanese Companies Create the Dynamics of Innovation*. Oxford University Press（梅本勝弘訳（1996）『知識創造企業』東洋経済新報社）.
Penrose, E. (1959) *The Theory of the Growth of the Firm*, Blackwell Publishers.（日高千景訳（2010）『企業成長の理論』ダイヤモンド社）.
遠山　暁（2003）『経営情報論』有斐閣.

旅館サービスの現場から見られる顧客の価値形成のプロセス

1．はじめに

　顧客満足について考えるにあたり，まずその根本には顧客価値の理解を優先させなければならない。顧客はサービスを提供されて初めて好きか嫌いかを自覚しているのだが，何を最も強く望んでいるのか，あるいは不満を抱えた場合，その問題の本質・所在さえ正確に認知できていない場合もある。

　旅館サービス提供は，常にクオリティの一貫性が求められ，多様なニーズへの対応の連続である。現場での顧客とのインタラクションにおいては，顧客との言語的コミュニケーションだけでなく，非言語的コミュニケーション（仕草など）からもニーズの瞬間を察知し，顧客対応を変えていく。当然ながら相互作用であるため，提供者のサービス設計の変更だけではなく，顧客も最初に自分が予想した期待値が変わる可能性も十分にありうる。したがって，顧客から発信される情報をいかに上手に収集するのかにより，ビジネスのゆくえが左右される。このような基本対応が老舗といわれる旅館では上手に機能しているようにみえる。

　本研究では，旅館サービスを対象として，顧客価値のメカニズムを解明することから始める。顧客価値をどのように定義するのかは，極めて重要な課題であることから，本稿では，顧客価値がどのように認識されるのかを明らかにする。

2．サービス設計による顧客価値のメカニズム

　上記の問題意識を受けて，以下では，旅館のルームキーをめぐる2つの事例を検討したい。

　旅館Aでは，通常，ルームキーはチェックアウト時の清算と同時に返却される。しかし，過去に顧客がルームキーをそのまま持ち帰ってしまうことが度々起こった。ルームキーの持ち帰りに気づいた顧客の多くは，電話で旅館に問合せをおこなった後，宅配便で送り返してくる。

旅館Aではこうした場合，当該顧客に，返却は急がないよう（スペアキーを用意しているため），着払いで送り返してよい旨，早急に連絡をおこなう。さらに，ルームキーの返却後には，感謝の手紙や旅館特製の商品を併せて送ることにしていた。

また，再発防止のため，女将を通じて客室係に直接指導がおこなわれた。たとえば，客室係には，顧客が間違ってルームキーを持ち帰ることのないよう，顧客に対する声掛けを増やす，また自身にも責任があることを顧客に直接伝えるために，客室係自身に謝罪の手紙を執筆させるといったことである。

さらに，物理的な措置として，ルームキーが顧客のポケットに入らないような大きさに作り替える，といったこともおこなわれた。この事例では，当該顧客への対応と同時に，再発防止への組織的な取組みがみられる。顧客は，旅館Aのこうした対応を受けて，宿泊を通じて感じた満足を事後的にも高める結果となった。

次に，顧客の満足が著しく低下してしまった旅館Bの事例を検討したい。旅館Bに宿泊したある家族（夫，妻，息子）は，旅行から帰宅した際に，息子が宿泊していた旅館のルームキーを所持したままであることに気づいた。

彼らはすぐに旅館に連絡を入れたが，旅館側からは今すぐ宅急便にて返却してもらわなければ困ると告げられた。

この経験により，家族は，宿泊中にはあまり意識していなかった旅館Bの対応のまずさを思い出すこととなった。たとえば，客室係が翌朝布団を上げておいてくれなかった，帰る際にも対応してくれる従業員がいなかった，等といったことである。帰宅後の電話での対応があるまでは，これらは顧客には不満として意識されていなかったものであった。

この事例を通じて，旅館Bの1度の対応の失敗が顧客側に多くの不満要因を想起させるきっかけとなったことがみてとれる。

3．おわりに

2つの事例から，顧客価値は単にビジネス・モデルから発生するのではなく，提供するサービスそのものに内在しており，接客のような顧客接点で生まれ，ビジネスのさまざまな局面に存在することがわかる。

顧客が価値レベル（customer value label）を判断する際，サービスは個人の主観的な感情や感覚に影響し，結果的にクオリティとコストの両方に作用する。

顧客のニーズに合致した魅力的なサービスはクオリティを増加させ，時間，エネルギー，精神的なコストを低減させる。逆にサービスの視点が不足していれば，クオリティを減少させ，コストを増加させる（李・許，2007）。

　旅館サービスにおいて大切なことは，徹底した訓練で達成できる「正確性」と「ホスピタリティ」の2つの要素である（姜，2013）。ホスピタリティとは顧客が求める願望（desire），期待感（expectation），並びに意外性（unanticipated experience）の期待に応えることである。期待以上の満足と喜びを提供すれば，再び訪問する反復効果（repeat effect）を生む。これは，リピーター（repeater）といわれる顧客の存在であるが，リピーターを生むためにはホスピタリティが単なるサービスを超えたモノでなければならない。

　残された課題は，顧客からの表層のニーズに加え，顧客から発信していない（顧客自身も気づいていない），顧客の心の奥に眠っているニーズ（深層のニーズ）を提供側が実現できる感動サービスへ転換するメカニズムを明らかにすることである。

（永井圭子：吉井旅館）
（姜　聖淑：帝塚山大学）

(2013年度プロジェクト研究「旅館経営における女将の知の蓄積と継承の意味
　－顧客価値形成を中心に－」)

【参考文献】
姜　聖淑（2013）『実践から学ぶ女将のおもてなし経営』中央経済社。
李　侑載・許泰鶴（2007）『고객가치를 경영하라』21세기 북스。

情報システムの継続的利用に伴う知識継承の変質

1. はじめに

　今日の企業において情報システムは事業活動を展開するうえで必要不可欠な経営資源である。1960年代から導入され始めた情報システムは，経済規模の拡大とともに増え続ける事務業務の省力化や迅速化など企業活動の効率性を高めるシステム基盤として構築・維持されてきた。しかしその情報システムも経年による問題が露呈しつつある。たとえば情報システムのプログラムを継ぎ接ぎすることによって生じる「スパゲッティコード」は，維持管理の複雑化やシステム再構築を阻むなどの弊害を招いている。企業はこれに対して抜本的な対策を打たず，先送りすることが多い。潜在的なリスクは認識されるのだが，直接的な対応策に結びついていない。そこで本稿では，この理由について日本独特の「わざの継承」という観点から検討する。

2. 知識創造とわざの習得プロセスの親和性

　急増する事務処理を効率的にさばくため，単にコンピュータの演算能力向上に依存するのではなく，業務プロセスにおける工夫や知識をプログラム化することで効率性を高めてきた。そこでは Davenport (1993) が指摘するように，情報技術がプロセス変革の推進役を担う。

　組織的知識創造プロセスを SECI モデルで示した野中 (1995, 2010) によると，知識とは将来の行動に対する「意味のある情報」であり，その意味は人の主観による価値判断によって峻別されるとする。そして知識は関係性の中で創り出されるものであり，取り巻く環境や意味解釈をする人の特質によって内容が異なる。各人の暗黙知である気づきや意味解釈が「場」によって語られ，形式知化することで知識は「意味のある情報」として共有される。それを繰り返すことでスパイラル状に増幅されていくのだが，それは共通善を実現するという組織全体の共感や共振が駆動し続ける。

　志を高く持ちながら高みを究めるという点は，日本の武道や芸事などでの

「守破離」にみられるわざの継承と親和性があると言える。生田（2011）によると，わざとは身体の動作や身のこなし方といった直接的なものだけでなく，間の取り方や演じ方など間接的な意味も併せた複合的な意味連関である。それは課題解決を積み重ねることを経てたどり着く「感覚の共有」であり，それが高次の傾向性を発現させる。各界におけるわざ習得のプロセスを生田は以下のように概観する。人がわざを習得するには，まずそのわざが展開される世界を「善いもの」として同意したうえで入門し，「形」（やり方）の模倣を繰り返す。そして，その「形」を精査し，批判や内省することで自らの「形」を作り上げる。やがて有形無形の形の意味やそれぞれの関係性を学習し，わざの世界全体の意味を1つの整合的な連関として把握し，自らの「形」の必然性とその意味に納得する（生田，1987）。

両者に共通するのは，善いと認めた世界に身を置き，その世界の「場」を通じて知識の創造・継承を繰り返すという点である。日本では，武士道や茶道，ビジネスでも商人や職人など領域で条理としての「道」が究められようとする。それは，たとえ素人でも時間をかけて一人前に育成する素地であり，成熟度に限界はなく高みを究め続けることを意味する。また，知識やわざは内容の意味解釈と峻別が自己完結的におこなわれ，暗黙的な部分を含めてその世界の関係性の下で共有される。その参加者として異なる世代や集団が同じ場に接することで共有され，継承されていくことになる。

3．情報システムを用いた知識継承の異質性

しかし情報システムにおける業務プロセスの知識創造は，上述の属人的な取り組みとは異なる。第1世代が作り上げたシステムを第2世代が使い，それに新たな知識をプログラムに付加して修正したシステムを第3世代が使う，というように，後継者は前世代が構築したシステムを所与とし，それを使いこなすことに重点が置かれる。そこでは経時的な世代交代が進むほど，下記のような2つの変質が緩慢に進行する（図表1参照）。

第1に，情報システムが介在することによって知識は「使う」と「創る」の二面性をもつことである。第1世代はシステム基盤の骨格を構築するため，業務知識の意味連関の基礎を把握し，プログラムとして組込む。つまり知識を人知からシステムへと外部化する。しかし，後継者はそのシステムを「善いもの」として捉えるため，外部化されたプログラムの使用を前提とし，むしろ

図表1　知識継承の変質

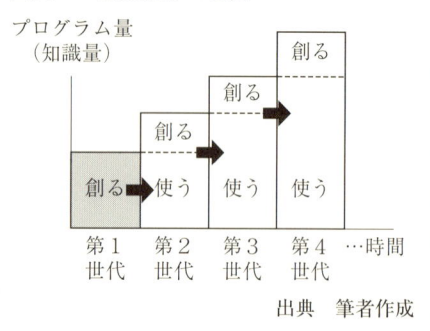

プログラム量
（知識量）

　　　　　　　　　　　　　創る
　　　　　　　　創る
　　　創る
創る　→　使う　使う　使う

　第1　第2　第3　第4　…時間
　世代　世代　世代　世代

出典　筆者作成

修正の軸足を使い易さに移す。情報システムは障害が生じない限り稼働し続けるため，使い易さが追求される反面，知識の意味内容を包括的に再構築する機会は失われる。これにより既存の知識と新たに創る知識の意味連関や紐付けは世代交代が進むほど希薄となる。これが「スパゲッティコード」の促進要因となる。

第2に，知識の意味連関を把握困難に至らしめる情報量の増加である。プログラムはその手順を指示するアルゴリズムを基に構築される。アルゴリズムはドキュメント化によって継承されるが，その意味解釈を正確に判断する枠組みは開発者の暗黙知として属人化する。そのため，システム更新が先送りされるほど，過去世代に溯る枠組みや峻別すべき知識の情報量が増加し，その把握に困難が伴う。寸断無く稼働することが求められる情報システムだが，それはオーバーフローに陥るリスクを高めるというジレンマを併せもつ。

4．おわりに

　情報システムは常時稼働の陥穽に陥りやすい。効率的な業務遂行が課される中，実践的な方法論を追求することが「善いもの」の継承になりがちである。ここで生じる変質は世代交代によって拍車がかかることに注意を要する。

（奥居正樹：広島大学）

【参考文献】

Davenport, T.H. (1993) *Process Innovation: Reengineering Work Through Informaiton Technology.* Harvard Business School Press（卜部正夫・伊藤俊彦・杉野周・松島桂樹訳（1994）『プロセス・イノベーション』日経BP出版センター）．
生田久美子（1987）『「わざ」から知る』東京大学出版会．
生田久美子・北村勝郎編著（2011）『わざ言語』慶應義塾大学出版会．
Nonaka, I. & Takeuchi, H (1995) *The Knowledge-Creating Company: How Japanese Companies Create the Dynamics of Innovation.* Oxford University Press（梅本勝博訳（1996）『知識創造企業』東洋経済新報社）．
野中郁次郎，遠山亮子，平田　透（2010）『流れを経営する』東洋経済新報社．

日本企業における新製品開発プロセス・コントロールのための情報利用について
—アンケート調査から—

1. 企業の新製品開発を取り巻く環境

　新製品開発の必要性は増加している反面，投資の制限などによる新製品開発の機会の減少などで，新製品開発の生産性にさらなる焦点が集まっている。新製品開発を計画する企業および組織は，そのパフォーマンスをあげるために新製品の目指すマーケットに合わせて，品質面，コスト面，時間面，そして環境面などに関するそれぞれの戦略を設けることになる。その戦略の下で新製品開発のプロセス（例：製品企画→事業分析→開発→市場テスト・検証・評価→生産準備）は進んでいくことになる。しかし，マーケットと製品規制の変化による組織外部的不確実性や，技術的不確実性，内部生産体制の変化などのような組織内部不確実性などと，内外環境の変化などによるさまざまなリスクに囲まれている新製品開発プロセスがいつも順調に進むことはほとんどない。そのため，開発組織は，企業組織の戦略・方針などに従いながら環境の変化に合わせて，リスクや不確実性などを上手くコントロールして，新製品開発の効率性，効果性をあげて，パフォーマンスを向上させなければならない。

　実際に，企業では新製品開発プロセスの中，さまざまな情報を入手したり，更新したり，利用することができる（Davila, 2000）。企業の扱う情報には，予算やコストなどの財務的な情報をはじめ，製品市場と顧客に関する情報，製品開発技術に関する情報，製品規制に関する情報など，さまざまな非財務情報までが存在する。開発組織は，そこで，新製品開発と関連する入手可能な情報を効率的，かつ効果的に利用しなければならない課題に直面することになる。たとえ必要以上に過多な情報が利用されたり，不適切な情報が利用されたりすることが原因で，意思決定が混乱してしまって，間違った意思決定をしてしまう，結果，パフォーマンスが低下するようなことは避けなければならない。

　このような観点から，新製品開発プロセスの中での情報は，必要性に応じて，適切な情報が適合的に利用されることが求められる。また，新製品開発を取り巻く不確実性の性質および，その特徴は，製品開発戦略などによって，どのよ

うな情報が必要であり、どのような情報がそうでないかを把握する事を必要にするだろう。

2. 製品戦略と不確実性による情報の利用形態—分析結果—

本稿では、東証一部上場の製造業954社を対象におこなわれた質問紙調査によるデータをもとに検証をおこない、製品開発戦略と不確実性を考慮した製品開発プロセスにおいての情報の効率かつ効果的な利用形態を探る。その検証によって、製品戦略と不確実性に対して、どのような特定の情報が必要であり、どのような情報が必要でないかに関する情報の利用について、その関係を予測できるだろう。

図表1は、企業の取り巻く情報を7つに分類して、企業の情報の利用形態を検証した結果である。外部基準不確実性が高くなると環境基準関連情報と製品ライフサイクル情報利用が高くなる傾向がある。そして、製品技術不確実性が高くなると市場（顧客）関連情報利用が高くなる。次に品質戦略をとると市場（顧客）関連情報、プロフィット・コスト情報、製品部品・仕様情報、予算情報の利用が高くなることが示されている。最後に時間戦略をとる場合は市場（顧客）関連情報、環境基準関連情報、の利用度は高くなる一方、予算情報利用はその逆である事が示されている。

図表1　製品戦略と不確実性による情報の利用形態

独立変数　　　　従属変数	市場（顧客）関連情報	環境基準関連情報	製品ライフサイクル情報	プロフィット・コスト情報	スケジュール情報	製品部品・仕様情報	予算情報
不確実性							
外部基準	.028	.527***	.224*	.056	.060	.033	.171
製品技術	.202*	.063	.163	.031	.240	.287	.000
内部生産方針・体制	-.036	-.054	-.063	.202	.325	.050	.181
製品戦略							
品質戦略	.373**	.094	.212	.423**	.163	.305*	.309*
コスト戦略	-.065	-.103	-.038	-.123	-.141	-.132	-.094
時間戦略	.232*	.241*	.045*	-.166	.109	-.012	-.291*
環境戦略	-.182	-.060	.156	.043	.034	.081	.044
R^2	.351	.426	.280	.214	.368	.284	.166
AdjustedR^2	.278	.362	.200	.127	.298	.205	.074
N	71	71	71	71	71	71	71

各数値は標準化係数。 *$p<0.1$, **$p<0.05$, ***$p<0.01$

出典　筆者作成

3．まとめと考察

　本稿では，製品開発組織内における製品開発プロセス・コントロールのための効率的かつ効果的な情報の利用形態を検証することを目的にした。分析によって，製品戦略や不確実性の特長によって，異なる情報が利用されているという事が明らかになった。しかし，状況による特定情報利用とパフォーマンス向上との相互作用効果については，議論されていない。また，先行研究（Davila, 2000）でみられる組織的構造に関する要素を本稿では考慮していないなどの課題もあるが，企業の状況による情報利用の実態が明らかになったとの事で本研究の意義があると思われる。

（金　宰煜：広島大学）

【参考文献】

Davila, T.（2000）"An Empirical Study on the Drivers of Management Control Systems' Design in New Product Development." *Accounting, Organizations and Society*, Vol.25, 4-5, pp.383-409.
金　宰煜・浅田孝幸（2007）「新製品開発プロセスのコントロールのための情報利用について」『大阪大学経済学』第56巻，第4号，pp.52-64。

海外ビジネスにおける暗黙知の競争的意義

1. はじめに

　企業が海外直接投資を図る際に必要とされる『知識』にはどのようなものがあるのか。本稿は，知識マネジメント論および国際経営論における知識の類型（形式知と暗黙知）やそれらの移転に関する論点および暗黙知の競争的意義について紹介する。

2. 知識の類型：形式知と暗黙知

　Polanyi（1960）が提示した知識の暗黙的次元を，経営学に適応した研究としては Nonaka & Takeuchi（1995）が代表的とされる。彼らは人間の知識を2分類にわけている。1つは，「形式知（explicit knowledge）と呼ばれ，文法にのっとった文章，数字的表現，技術仕様，マニュアルなどにみられる形式元号によって表すことができる知識である。この種の知識は，形式化が可能で容易に伝達できる。もう1つ，より重要なのは，形式言語で言い表すことが難しい「暗黙知（tacit knowledge）」と呼ばれる知識である。それは，人間一人ひとりの体験に根差す個人的な知識であり，信念，ものの見方（perspective），評価システムといった無形の要素を含んでいる。このような知識の2分類を国際経営論に適用し，企業の海外ビジネスの際に必要となる知識について検討しよう。

3. 国際経営論における知識の流れ

　多国籍企業研究の理論的基礎を築いたと評価される Vernon（1966）や Hymer（1960）は，海外進出企業が直接投資という手段をとる理由として『企業固有の優位性』を取り上げていた。要するに，企業は直接投資を通じて自社の優位性を現地で利用可能となり，現地企業に対して競争優位を発揮することができるとのことである。かつての国際経営論では，本国本社がもつ企業の優位性を海外に移転する方法にその焦点が当てられていたのである。

近年，新興国の浮上によるグローバル市場の多様化は，海外ビジネスの割合を高めてきた多くの企業に新たな課題を与えている。そこでは，本国本社の優位性を海外に移転するだけではなく，海外市場に関する知識を本国本社に集めるといった知識移転の方向性が重要視されるようになった。多国籍企業の本社がもつ経営ノウハウや技術優位性を『技術知識』，海外市場や顧客に関する情報や知識を『海外知識』と分類し，先ほど紹介した知識の2分類と合わせると次の図表1のような4つの知識分類が可能となる。

図表1　海外ビジネスに必要とされる知識の4分類

		知識の種類	
		技術知識	市場知識
知識の属性	形式知	・仕様書 ・図面 ・生産システム	・市場報告書 ・顧客サーベイ ・法律や規制に関する情報
	暗黙知	・個人のノウハウ ・熟練，巧み ・マネジメントノウハウ	・顧客の価値基準 ・文化的，宗教的習慣及び生活様式 ・コスト感覚

出典　筆者作成

　ここで課題になるのは，暗黙知の移転である。要するに，本国本社に長年蓄積されてきた技術的暗黙知をどのように海外ビジネスに移転・活用するのか，また，海外市場に関する暗黙知をどのように獲得・解釈・移転するのか，といった両方向の知識移転能力が問われる。

4．暗黙知移転の困難性と競争的意義

　巨大化・国際化する組織間，組織内での『知識移転』は，企業にとって大きな課題になりつつある。これまで『暗黙知の移転は難しい』という命題については一貫した議論がおこなわれてきた（von Hippel, 1994；Szulanski, 1996）。von Hippel（1994）は，情報や知識の移転にかかるコストを情報粘着性（information stickiness）と名付け，粘着性が高くなる条件について考察している。主に，暗黙知の移転については，イノベーションの普及や国際的な技術移

転といったコンテキストで論じられることが多いが，たとえ企業内であっても経験によって獲得された知識（ベスト・プラクティスなど）を移転するのは容易ではない（Szulanski, 1996）。

とくに，海外市場に関する暗黙知，要するに『国家間の違い』は，複数市場向けのビジネスを展開する企業にとって『頭痛の種』とされてきた。とくに，文化の違いは困難を生み出す重要問題源といった認識であった。しかし，その「違い」を生かすことが企業の競争力につながるだろう。本質的な難しさはあるものの，国家間の暗黙的違いに注目することの有用性は大きい。なぜなら，暗黙知は大きなイノベーション・チャンスにつながり得る独特な洞察力を企業に与えられるからである（Subramaniam & Venkatraman, 2001）。

（金　熙珍：広島大学）

【参考文献】

Hymer, S.（1960）.*The International Operations of National Firms*. Doctoral dissertation. MIT. Published in 1976.

Nonaka, I. & Takeuchi, H.（1995）*The Knowledge Creating Company: How Japanese Companies Createthe Dynamics of Innovation*. New York: Oxford University Press.

Polanyi, M.（1966）*The Tacit Dimension*, New York: Anchor Day.

Subramaniam, M., & Venkatraman, N.（2001）"Determinants of Transnational New Product Development Capability: Testing the Influence of Transferring and Deploying Tacit Overseas Knowledge," *Strategic Management Journal*, Vol.22, Issue 4, pp.359-378.

Szulanski, G.（1996）"Exploring Internal Stickiness: Impediments to the Transfer of Best Practice Within the Firm," *Strategic Management Journal*, Vol.17, pp.27-43.

Vernon, R.（1966）"International Investment and International Trade in the Product Cycle," *Quarterly Journal of Economics*, Vol.80, No.2, pp.190-207.

von Hippel, E.（1994）"Sticky in Formation and the Locus of Problem Solving: Implications for Innovation," *Management Science*, Vol.40, Issue 4, pp.429-439.

消費税における逆進性と益税制度

1. はじめに

　生活において密着度の高い税金が消費税である。この消費税は1989年4月に導入されて以来，2度目の税率改正がおこなわれ，2014年4月からは8％（消費税率6.3%，地方消費税率1.7%）となる。わが国の消費税は付加価値税の性格をもつ多段階一般消費税であり，広くうすく課税することを目的としている。消費税の増税議論でとりわけ問題となるのが，逆進性をどのようにして緩和するかである。しかし，免税事業者の範囲が広いことや簡易課税制度の適用範囲が広いことなど多くの問題点があり，導入後四半期世紀を経過したにもかかわらず，いまだにその問題が解消されていない。そこで，逆進性の解消方法を概観したうえで，特例の見直しの必要性を考える。

2. 逆進性と解消方法

　税法において重要なことは，「公平」に課税されなければならないことである。公平には大きく分けて，垂直的公平と水平的公平がある。消費税は所得税などのように累進的に課税されないため，税負担において，逆進性の問題が生じると考えられている。

　逆進性とは，税負担額が同額であれば所得の額が低い者や財産の額が少ない者ほど，その負担の割合が所得や財産に対して，大きくなるということである。基本となる消費税率が，上昇すればするほど逆進性は高くなり，とくに食料品等の生活必需品の消費量は，所得の高低差ほどの大きな差はないと一般的に考えられることから，逆進性の問題をどのようにして緩和するかが議論されている。

　緩和方法としては，主として，給付付き税額控除等や複数税率の導入が考えられている。

(1) **給付付き税額控除等**

　水平的に課税される消費税の逆進性を緩和する方法として，アメリカやカナ

ダなどで採用されている方法である。負の所得税の考えをもとにして，社会保障の給付と税額控除を一体化し，所得税の納税者に対して税額控除において控除しきれない税額控除額は，現金によって給付をおこなうというものである。この方法は複数税率を採用するよりは，逆進性対策としては有効であると考えられている。この方法をおこなうためには，2016年1月から導入が予定されているマイナンバー制度のように，個人情報の把握が必要であり，多くの制度上の整備が必要であると考えられる。

(2) 複数税率

　生活必需品などに，軽減税率を設けることによって，逆進性を緩和する方法であり，諸外国で多く採用されてきている。しかし，最近付加価値税を導入した国においては，単一税率を採用しているところが多くなってきている。

　沼田 (2010) が複数税率の導入について検討をした政府税制調査会資料（平成12年7月）をまとめたところ，同氏によると，複数税率を導入した場合の主な問題点としては，①税率を区分して記帳することは事務負担の増加が不可避となること，②還付申告を目的とした小規模事業者を増加させる可能があること，③インボイスの保存を税額控除の要件とする必要があること，④簡易課税制度の見直しが必要となること，⑤軽減税率による減収分だけ標準税率が高くなることなどがあげられている。

　事務負担の増加は，税率区分の処理はもちろんであるが，その判断に迷う場合が多い事態も想定される。たとえば食料品を例にとっても，何を食料品とするかといった問題が生じ，変化してゆく食生活に対応するには，相当の事務負担が増大し，また徴税事務も増大することが予測される。

　インボイス方式とは，インボイス（仕送状）や請求書に税額が記載されていることを条件としてその控除を認める方法であり，EU加盟各国はこの方式を採用している。わが国の現行法においても，仕入税額控除の原則的要件として，帳簿および請求書等の保存は義務づけられており，事業者においてインボイスの保存を税額控除の要件とすることには，おおむね対応ができていると考えてよかろう。

　簡易課税制度と免税事業者の見直しは必要である。みなし仕入率の適用においては事業区分が設けられているが，簡易課税制度の適用基準や免税事業の適用基準である売上高には事業区分は存在しない。業種によって売上規模は異なるので，売上高にも事業区分を設けなければならないであろう。簡易課税制度

におけるみなし仕入率の割合が高いことも問題ではないか。簡易課税制度は，中小事業者に対して本来おこなうべき課税事務を軽減する目的で認められた制度であると考えられているが，その適用の選択にあたって，多くの中小事業者は，実額計算における納付税額と簡易課税における納付税額とのシミュレーションによる有利判定をおこなったうえで，簡易課税制度の選択をおこなっていると推察される。その結果，多くの簡易課税制度の適用者は，益税が生じていることが会計検査院の検査報告において明らかにされている。同報告書には，「現行のまま税率が上がれば益税は増えると懸念される」と報告されている。免税事業者についても免税点が，消費税を導入している諸外国に比較しても高く，引下げをおこなうことが必要であろう。

本来おこなうべき事務を軽減し，さらに国庫からの補助金と同様の効果がある益税を縮小しなければ，消費税の最終的な負担者である個人消費者にとっては，納得できるものではないのではなかろうか。

3．おわりに

消費税の逆進性の解消方法を概観したが，消費税には逆進性はあまり存在しないとする考えもあり，小規模事業者を中心とした事業者の事務負担や徴税事務を考慮すれば，単一税率であることが望ましいと考えられる。しかし税率の引上げ前に，簡易課税制度や免税事業者の見直しが優先すべき問題であると考えられる。

（佐伯健司：広島大学マネジメント研究センター）

【参考文献】

鎌倉治子（2010）「諸外国の給付付き税額控除の概要」『調査と情報－IssueBrief－』No.678。
沼田博幸（2010）「複数税率化とインボイス制度」『税研』Vol.26, No.3, pp.37-43。
会計検査院（2012）『「消費税の簡易課税制度について」に関する会計検査院法第30条の2の規定に基づく報告書（要旨）』。

サービス・リテラシーとはなにか
―サービスの意味体系―

1. はじめに

サービスはある種の情報といい換えられることができる。本稿では，サービスの生産者と消費者との相互行為から生成する価値や意味を理解するための「サービス・リテラシー」とはなにか，さらにサービスという社会的行為の本質について考えてみたい。

2. サービス・リテラシーとはなにか

サービス・リテラシーとは，サービスについての情報リテラシーのことである。リテラシー（literacy）とは，読み書き能力やそれを活用することができる力，つまり識字のことである。情報リテラシーとは，情報を自己の目的に適合するように使用できる能力のこと，すなわちサービス・リテラシーは，サービスの生産者やサービスの消費者が，それぞれの目的に適合するように情報を使用することができる能力のことである。

3. サービスの情報産業論

サービスという情報についてもう少し考えてみる。文化人類学者の梅棹忠夫は，情報産業を，「言語活動・言語的シンボル・イメージ情報・イメージシンボルを使う情報を政策・処理・売買することによって経済活動をおこなう産業のすべて」と定義づけている（梅棹，2009）。梅棹が情報産業論を書いた1960年代当時には，メディアを通じた娯楽や生活インフラの発展が著しい時代であり，それにともなう情報の還流と社会変容について主に論じている。コンピューターや都市の議論もあったが，現在のIT社会のことを指していたわけではない。梅棹は，「情報産業はサービス業」といい，当時は限定的なサービス産業についての情報について議論を展開した。

4. 情報伝達の条件

　筆者は，サービスとはそもそも情報のやり取りを通じた価値の認知であると考えている。そのように仮定して，梅棹の議論をもう少し紹介しよう。梅棹は，情報は送り手から受け手へ流されるコミュニケーションにとどまらず，すべての存在自体が情報だという。自然，社会も情報だが情報の送り手ではなくただそこにあるだけで，情報を情報と受け止めて解読をし，意味を取り出すことができるのは，情報の受け手が感覚器官を動員し，脳神経系を働かせて情報をとらえることにかかっており，そこに価値を認めるかどうかは受け手側の判断である（2009）。

　この議論をサービスにあてはめれば，客のサービスに対する評価や満足は，サービスの生産者とサービスの消費者が同じ規範（＝サービス・リテラシーの共有）に則ってサービス内容を理解できているかどうかによって価値評価は大きく影響を受ける。たとえばサービスの生産者が高度なサービス設計による高い技術でおもてなしやホスピタリティ，あるいはモノを通じた情報伝達につとめたとしても，客がサービスの存在に気づき，その有効性や適性を認識するかどうかは，双方がサービス・リテラシーを共有する望ましい関係が成立していることが前提になっている。

5. サービスという社会的行為の本質

　われわれがサービスと呼んでいる社会的行為の本質は一体何なのだろうか。経済学者のPolanyiは，経済は互酬性，再分配，市場交換の3つの交換様式が歴史的かつ比較文化的に確認されるという（Polanyi, 1944）。Polanyiによれば，市場交換は資本主義社会で発明された最も新しい交換様式である。これは交換媒体および価値基準（現金）により計算され，需要と供給と価格のメカニズム（市場）によって執りおこなわれる財の交換と関わっている。資本主義市場が勃興してからは，経済とは効用を最大化すること，すなわち最小の原価でできるだけ多くの満足を得ることを意味するようになった。経営学は製造業の発展と共に，その市場交換を合理的におこなう方法について追求をしてきたが，封建的な経済関係が支配する時代から資本主義的な経済への転換にともなって発展してきた学問であるから当然のこといえよう。したがって，ポスト工業化の時代に転じて，価値をはかるための新しい原理モデルが必要とされてくること

も自然の流れであろう。人類で最も古い経済の交換様式は互酬性であり，われわれは日常的にモノやサービスを交換している。再分配とは，中央集権的に形式化された社会階層において，中央に位置する人々が集団すべての成員に行き渡るようなやり方で財を分配する責任をもつ概念と実践である。たとえば，プロシューマーや同人といった人々の交換様式は，より互酬性の原理にもとづいているようにみえる。最近注目されている経験経済，S-Dロジック，価値共創，消費文化論，pay what you want方式などはすべて取引を通じて構築される関係性から創造される価値の重要性に着目した議論だ。BOP（Base of the Pyramid）ビジネスやフェアトレード，一部のNGOやNPOのビジネスを巻き込んだ活動は，再分配の交換様式を導入している。

6．おわりに―意味世界としてのサービス―

　Polanyiは，貨幣は意味論上のシステムとして交換に使われるが，言語や文字と同様に1つのシンボル体系でしかないという。Baudrillardは，現代社会のモノの消費は豊かさの記号に対する無限の欲求，と批判し，真の豊かさは社会の富が増加する交換関係にあると論じている（Baudrillard, 1970）。梅棹は，社会的に決められていく価値の情報について，工場生産物の商品のごとく貨幣市場の等価価値の原理に当てはめることを「擬似商品」と呼んでいる。

　情報は「記号」を通じて伝達されるが，情報の存在を知覚する能力や，記号の意味を読み解くためのコードの共有がなければ意味として認識されない。コードとは，記号を，記号表現と記号内容を相関させ，意味体系を成立させるシステムである。つまりサービスも手続き的システムを経て経験する意味世界なのである。サービス・リテラシーは，サービス社会において豊かな価値を共創するために必要な能力なのである。

（八巻惠子：広島大学マネジメント研究センター）

【参考文献】

Baudrillard, J.（1970）*La Société de consommation*. Gallimard（今村仁司・塚原史訳（1979）『消費社会の神話と構造』紀伊國屋書店）．
Polanyi, K.（1944）*The Great Transformation*. New York: Rinehart（吉沢英成他訳（1975）『大転換―市場社会の形成と崩壊―』東洋経済新報社）．
梅棹忠夫（2009）『情報の文明学』中公文庫．

消費文化論と価値共創の関係

1. はじめに

　本稿では消費文化論（Consumer Culture Theory（以下CCT））とサービス・ドミナント・ロジック（S-Dロジック）が提示する価値共創の関係について考察する。そして，CCTがS-Dロジックの不足する価値共創の研究を補完できることを示すことが目的である。CCTはArnould & Thompson (2005) がJournalof Consumer Research 誌で提示した概念である。CCT は消費文化論と訳され消費者行動研究の中の一分野であり，長年にわたり同誌に掲載された論文を中心に，消費者を能動的・文化的な視点でとらえた研究を4つに類型化している。

　したがって，特定の学派や理論を意味しているのではない。ここでは，消費者は生活世界や利用・消費段階で自らのアイデンティティやライフスタイルにもとづき企業から解放されて価値を紡ぐ様子が描かれている（藤岡，2013）。消費者の視点で生活世界の利用・消費段階を考察したCCTの先行研究は，消費者を自ら価値を創出する主体として捉えている。したがって，この基本的前提と一致する。

2. CCTとはなにか

　CCTの提唱者のArnould は，Lusch & Vargo（2006）がS-Dロジックを主題として編集した論集に投稿して，おおむねS-Dロジックの考え方に賛同している。そして，Belk & Sherry（2007）のCCTを主題として刊行した論集においてもS-Dロジックへ賛同する意見を述べている。このように，CCTは消費者行動研究に対して新たな立場を確立しようと展開している。消費者は市場で交換した提供物に対して独自の文化的意味づけをおこなうオペラントな存在なのである。伝統的な消費者行動研究は，企業側からの視点であるマネジリアルな目的での関心が強く，顧客を企業の利益のために刺激・反応を与えて操作するための法則性を確立することを目指した。そのために，計量的・統計的手

法の仮説検証型の演繹的研究が中心であった。

　これに対して，CCT はアイデンティティを創造する能動的な消費者に焦点を当てる。CCT は生活世界への視点，消費そのものへの関心，消費者の意味づけや価値生成について解釈し理解しようとするための定性的・フィールドワーク的手法を用いた理論生成型の帰納的研究が中心である。

　したがって，マーケティングの目的である企業のマネジリアルな視点は弱い。CCT の研究アプローチ方法は幅広く，マーケティングや経営学などに加えて社会学や人類学などとの学際的な研究の必要性が挙げられる。さらに，隣接部門との関係では「CCT は文化的資源の考え方にもとづいて構築されているので，企業と消費者の関係は資源ベース論の研究に依拠できる（Arnould & Thompson, 2005)」とする。

3．CCT と S-D ロジックの可能性―プロジェクト研究から獲得した知見―

　プロジェクト研究では小売業，テーマパーク，老舗旅館，IT を活用した顧客参画型コミュニティなどの事例をとおして考察した。CCT は S-D ロジックが提示するものの，研究の進展がない生活世界におけるオペラントな存在としての消費者像を鮮明に描き出す。したがって，CCT 研究の蓄積は S-D ロジックの不足する価値共創の世界を補完する先行研究である。

　マーケティング・マネジメントはこれまでに多くの成果と影響を企業活動に与えて今日まで発展してきた，今でも主流の支配的理論である。価値共創の視点で考察するとこれから優位な位置を占めるのは顧客接点の場をもち活かすことができる企業である。小売業でも先行研究の多くはモノを中心として考察された伝統的マーケティングの影響下で発展した。

　したがって，小売マーケティングやサービス・マーケティングはあらかじめ企業が決めた価値を前提に品質を安定させるためにマニュアル化してマネジメントしてきた経緯がある。マニュアルから逸脱する品質を求める顧客は例外であり対象外の顧客であった。このことは，せっかく顧客接点の場をもつ小売業やサービス業も顧客接点を活かすことから目をそむけてきたことを意味する。顧客は受動的な客体として企業が決める価値を適応される存在ではない。

　顧客を能動的な主体として捉え，利用・消費プロセスをつうじてマーケティングを構築することから概念化を進展させることが，価値共創の企業システムである。顧客接点の場をもち，そこでおこなう相互作用から企業システムを再

構築すると，これまでモノを中心として流通を捉えることではみえなかった事象がみえるようになる。このことは，モノを中心としたこれまでの理論ではみえにくい現象を，S-Dロジックのメガネに掛け替えることで価値共創の世界を明確にすることを意味している。

4．おわりに

理論研究とプロジェクト研究から導出したようにCCTはS-Dロジックの不足する顧客をオペラントとして捉える研究を補完できる。立場や関心の重点は多少違うがCCTとS-Dロジックの価値共創の研究は相互に関係している。CCTの先行研究を考察することで顧客接点の場から企業システムを構築することは新たな企業活動を誘発し，これまでのモノを中心とした理論からの転換を促進することになろう。

（藤岡芳郎：大阪産業大学）

【参考文献】
藤岡芳郎（2013）「マーケティング研究における消費文化論とサービス・ドミナント・ロジックの関係」『消費経済研究』第34号，pp.12-23。
Arnould, E.J. & Thompson C.J. (2005) "Consumer Culture Theory (CCT): Twenty Years of Research," *Journal of Consumer Research*. Vol. 31, pp.868-882.
Belk, R.W. & Sherry Jr, J.F. (2007) *Consumer Culture Theory Research in Consumer Behavior*. Vol. 11. Emerald Group.
Lusch, R.F. & Vargo, S.L. (2006) *The Service-Dominant Logic of Marketing: Dialog, Debate, and Directions*. M.E. Sharpe, Inc.

非経済的動機に基づく消費者行動
― 消費者参加型製品開発ネット・コミュニティの事例より ―

1. はじめに

　インターネット上のコミュニティ（ネット・コミュニティ）を利用し企業と消費者とが共同で製品開発をおこなう「消費者参加型ネット・コミュニティ」は，新規性の高い製品を開発できる可能性をもち，消費者に新たな価値をもたらす手法として注目されてきた。清水（2002）は，開発に参加した消費者にとっての価値とは，自らが製品開発に関わっていると実感できることであり，その体験は他の製品に求めることは不可能に近く貴重なものであるため，単に同じ製品を店頭で購入した場合よりも大きな満足感を得られるだろうと指摘している。

　しかし実際には，参加した消費者の多くは自らが開発に関わった製品を入手していないのではないか。インターネットを通じて多数の消費者が参加できるのに対して製品化できる数は限られており，意見・アイデアの集約や選別が不可避であることや，製品化に至らない事も起こりうることがその理由である。

　製品開発に関わるという体験をしながら，本来それが満足感として投影されるという製品をもたない場合，どこへ投影されるのだろうか。また「製品の開発」を目的とする場でありながら，参加者の多くはそれを入手できない。それにも関わらず，そのネット・コミュニティが存続できるのはなぜなのだろうか。

2. ネット・コミュニティおよび消費者参加型製品開発についての先行研究

　石井・厚美（2002）は，複数のネット・コミュニティを対象とした事例研究をおこなうと共にその形成プロセスについての理論構築をおこなっている。それによると，ネット・コミュニティは参加者間のコミュニケーションの連接により成長・存続が可能であるとしている。であるとすれば，運営者にとって「なぜ彼らはネット・コミュニティ上で発言するのか」，その理由を解明することが重要となってくる。ネット・コミュニティにおいて，なぜ参加者が自身のもつ情報を提供するのか，その動機についてのさまざまな研究がおこなわれ

てきた。宮田（2005）は関連する先行研究を紹介する形で，人々がネット・コミュニティへの情報提供をおこなう動機となる要因を示している。

また前項で紹介したように，清水（2002）等，消費者参加型製品開発についての研究が存在するが，これらの研究の焦点は開発される製品の側にある。また製品の入手が前提となっており，消費者側の「製品開発活動に関わる」という経験について，また製品を入手していないことについての詳細な検討はされていない。

3．調査内容と分析結果

調査対象は，伊藤忠食品株式会社が運営する消費者参加製品開発ネット・コミュニティ「みんなのプロジェクト」にて，製品開発プロジェクトに参加する消費者会員である。調査はインターネット上のアンケートフォームを使用しておこなわれた。ネット・コミュニティ上への情報提供頻度およびその動機，開発に関わった製品が発売されたか，発売を経験した後の行動について等の質問に対し，164人からの回答を得た。

消費者の情報提供頻度とその動機についての分析では，開発された製品が自分でも欲しいからという「必要性」ではなく，プロジェクトに能動的に関わることへの楽しさが強いほど，またコミュニティやプロジェクトへの愛着が強いほど，自身の情報をより積極的に企業に提供していることが明らかとなった。

「開発された製品の発売」を経験した人の割合は27.4%，うち実際にその製品を購入した人の割合は26.7%であった。また「開発された製品の発売」を経験することが，情報提供頻度，その製品自体およびプロジェクト主催企業の他の製品の購入意向，他のプロジェクトへの参加意向を高めることが示された。

4．おわりに

冒頭において，消費者参加型製品開発ネット・コミュニティに参加した消費者の多くは，自らが開発に関わった製品を入手していないと述べた。今回調査対象としたネット・コミュニティにおいてもまた，開発された製品を入手していない人が多数を占めていた。そして参加者の情報提供は「能動的に関わることへの楽しさ」「愛着」といった非経済的な動機にもとづいておこなわれていた。

開発された製品それ自体の入手は情報提供の理由ではない。しかし「自身が

開発に関わった製品が発売される」という出来事は，開発活動に参加する消費者の積極的な情報提供・参加意向に影響し，さらなるコミュニケーションの連接を生み出すことでネット・コミュニティの成長・存続へとつながっているのではないだろうか。

　本研究の結果から，消費者参加型製品開発ネット・コミュニティがもつ機能について，実務上あまり重視されていない点について示唆することができたのではないかと考える。「製品開発」ネット・コミュニティであるからには，企業にとって開発される製品が重要であることは間違いなく，これまでの製品開発ネット・コミュニティへの支持，批判双方とも製品を焦点としたものであった。しかし今回の分析結果では，消費者側は開発された製品が欲しいからではなく，楽しさやコミュニティのメンバーとして活動するのが好きという理由で積極的に参加していた。ネット・コミュニティ上での製品開発活動を通じて，企業は消費者，中でもまだ自社の製品を購入したことのない消費者との関係を構築していくことができるのではないだろうか。

　　　　　　　　　　　　　　　（藤本　静：広島大学大学院博士課程後期）

【参考文献】

石井淳蔵・厚美尚武（2002）『インターネット社会のマーケティング―ネット・コミュニティのデザイン―』有斐閣。
清水信年（2002）「消費者参加の製品開発コミュニティをめざして―空想生活―」石井淳蔵・厚美尚武『インターネット社会のマーケティング―ネット・コミュニティのデザイン―』有斐閣。
宮田加久子（2005）『きずなをつなぐメディア―ネット時代の社会関係資本―』NTT出版。

「pay what you want」方式と消費タイミングおよび顧客満足との関連性に関する研究

1．はじめに

2007年，ロックバンド Radiohead はアルバム In Rainbows をダウンロードする顧客に，各自が支払いたいと思う金額を支払ってもらうことにした（Raju & Zhang, 2010）。また，はづ別館（愛知県）は，顧客が泊まった後で宿代を自分で決めるという「価値観の宿」を提供している。これまでのように企業が価格を決めることと違い，上述した顧客が価格を決める事例は，一般的に「pay what you want」方式といわれている。

2．「pay what you want」方式に関する先行研究

「pay what you want」方式は，オークションなどと同じく，買手が価格決定に参加できる参加型価格決定メカニズム（participative pricing mechanism）に分類されている（Kim et al., 2009）。しかし，「pay what you want」方式には，他の方式にない特徴がある。それは，価格決定の際，価格決定権を完全に買手に委譲することである。いわゆる，売手が商品を提供する際，買手はどのぐらい支払っても（たとえ何も支払わなくても），その取引が自動的に成立する。売手は拒否できないのである（Kim et al., 2009）。

最低価格または価格範囲のない「pay what you want」方式では，顧客がまったく支払わないこともあるのではないかと思われていた。なぜなら，経済学における効用最大化を「pay what you want」方式の特徴と合わせて考えると，確かに，顧客は何も支払わないこともあり得る（Kim et al., 2009）。ところが，「pay what you want」方式の利用により利益を上げた事例が多くみられるようになった。どうしてそのような現象が起きたのか。

その影響要因を解明するために，Kim et al., (2009) は，えこひいきがないことを意味する「公平性（fairness）」，自分を犠牲にして他人に利益を与える「利他性（altruism）」，さらに「満足」と「ロイヤリティ」を影響要因と想定し，その上で，専ら低価格を支払いたい「価格意識（price consciousness）」と収入

を加え,「pay what you want」方式に対して,レストラン,映画館,ホットドリンクを対象としたフィールド調査をおこなった。結論として,公平性,満足,価格意識と収入は「pay what you want」方式に影響することがわかった。しかし,この調査から2つの不足点を指摘できる。まず,3つの調査はすべて対面環境でおこなわれたのである。インターネットが普及している現在,「pay what you want」方式の多くがインターネット上でおこなわれるようになった。したがって,インターネット環境における調査も必要である。また,「pay what you want」方式がおこなわれるタイミングをみると,この調査では,映画館の場合は,消費する前であるのに対して,他の事例の場合は,消費する後である。しかし,そのタイミングによる影響については,この調査では意識されなかった。

インターネット調査として挙げられるのは,Regner (2010) である。Regnerはオンライン音楽レーベル Magnatune を対象にし,「pay what you want」方式に対する影響要因を解明した。しかし,Magnatune では,アルバムの希望価格と顧客の支払価格範囲が設定されている。したがって,Regner の調査における「『pay what you want』方式」は厳密的に「pay what you want」方式とはいえない。それは,不足点として指摘できる。

3.本研究の調査と結果

以上の不足点を踏まえ,インターネット環境における制限のない「pay what you want」方式では,「タイミング」がどのように支払金額に影響するのかについて消費前と消費後を分けてインターネット調査をおこなった。

消費後と比較すると,消費前においては,商品そのものに対してまだ知らない状態であるため,顧客はリスクを負わずにすむ行動を取る可能性が高い。そして,消費前の満足は,商品そのものからの満足ではなく,商品に関する情報または環境からの満足である。「pay what you want」方式では,消費前の場合,顧客が満足に頼らずに支払金額を決定すると想定した。そこで,①「pay what you want」方式がおこなわれるタイミングが消費後の場合は,消費前の場合より顧客の支払金額が多い,②消費前におこなわれる「pay what you want」方式では,顧客満足は支払金額に影響しないが,消費後の場合では支払金額に正の影響を与える,という仮説を設定した。

調査した結果,消費前と消費後の支払金額について平均値を比較したが,有

意の差がみられなかった。すなわち，仮説①は支持されなかった。いわゆる，タイミングが「pay what you want」方式の支払金額に影響を及ぼしていない。

そして，消費前と消費後を分けて，それぞれ先行研究で証明した影響要因を加えて重回帰分析をおこなった結果，他の要因による影響にもかかわらず，消費前と消費後の顧客満足は，支払金額に影響をおよぼすことが明らかになった。すなわち，仮説②は部分的に支持された。

結果からいうと，タイミングによる影響がないため，顧客満足を高水準に維持できれば，「pay what you want」方式がどの段階で実行されても良いといえる。しかし，企業は，常に購買促進に注目するだけで，消費後の段階をあまり意識していない。消費後においても，積極的に顧客と交流し，企業の文脈を顧客と共有することで，使用価値を向上させることができると考えられる。それによって，高い顧客満足，さらに高い「pay what you want」方式の支払金額につながると考えられる。

4．おわりに

本研究は，「pay what you want」方式に関する研究の不足を補う形で，タイミングによる影響を解明した。ところが，残された課題はまだ多いと考えられる。しかし，本稿を通じて，多くの読者が「pay what you want」方式への興味を持っていただければ幸いである。

（林　钊：広島大学大学院博士課程前期）

【参考文献】
Raju, J. & Zhang, Z.J.（2010）*Smart Pricing*. Pearson Prentice Hall.
Kim, J.Y., Natter, M. & Spann, M.（2009）"Pay What You Want: A New Participative Pricing Mechanism," *Journal of Marketing*, Vol.73, No.1, pp.44-58.
Regner, T.（2010）"Why Consumers Pay Voluntarily: Evidence from Online Music," *Jena Economic Research Papers*, No.2010-081.

IT 化における組織的補完要素に関する考察
―キーパーソンの調整機能に着目して―

1. はじめに

インフラの整備状況と業務別システムの導入・連携の状況など IT 導入度が高まれば，企業が求める IT 化が実現できるのだろうか。

國領（2004）が示す IT を活用するフレームワークによると，「企業基盤（組織・制度・企業文化）」，「企業がもつ基礎的能力」，「経営資源」，いずれかだけでは活用効果を見出すことは難しく，これらをいかに組合せていくかが IT の活用効果につながっていくとしている。この点からも，IT のみでは効果が見いだせない事が理解できる。企業においてその組合せ方やバランスは異なると考えられるが，この点までは表すことが出来ていない。

本研究では，IT 化において効果を見出している企業がなぜうまく機能するか，IT のみでは実現できない導入効果について組織的補完要素の面から検証をおこなっていくこととする。

2. IT 化の組織的補完要素

McAfee（2007）によると，IT 化の組織的補完要素として，「ベテラン社員」・「チームワーク」・「リエンジニアリング」・「新たな意思決定」があげられ，これらが全て揃えばその能力は向上するとしている。また遠山（1994）は，日本は職務を明確に定義せず，担当者の能力が高ければ関連する職務の担当者を助けることにより職務の範囲に広狭の差を生み，部門間・職位間において職務の重複が存在し，これが改善への知識の共有の原点となるとしている。この点は McAfee が示す補完要素を，組織でどのように実現しているかという点に関連して捉えることができる。IT 化において，「ベテラン社員」，「能力の高い担当者」がキーパーソンとなり果たす役割（調整機能）が IT と組織的補完要素との組合せの接点となるのではないか。企業において，その役割や進め方は決して同一ではないと考える。この点について調査を通して明らかにしていくこととする。調査対象は，経済産業省が主催する「IT 経営百選」の最優秀

賞受賞企業より，中小企業の製造業，建設業の4社を選定した。IT効果について一定の基準のもと評価をされており，組織全体でIT化に取り組み，社内，社外に関わらず業務プロセス改革を実現し新たな価値創造につながっている企業，または技術やノウハウの継承など組織の知識創造につながっている企業を事例より選定した。調査方法は，半構造化インタビュー形式とした。

3．キーパーソンが果たす役割

メンバーは，IT化の目的によって異なることが明らかになった。経営の可視化，意思決定の促進を目的とするA社・C社は経営層がキーパーソンに，業務の仕組みづくりの基盤を目的とするB社・D社は関連する部署のミドル層が中心にIT化が進められた。さらに，企画からIT化の導入，推進まで同一メンバーが携わることでIT化の目的・あるべきゴールがぶれずに進められる点で有効に機能している。

図表1　キーパーソンの役割と従事するメンバー

キーパーソン		IT化の戦略 経営戦略とIT化の統合	業務プロセス 業務プロセスにおけるIT化のデザイン	ITシステム IT化の推進（ITシステム構築）	組織内調整 社内へのIT化浸透のための調整（部門間調整含む）
A社	社長	●	●	●	●
	社員（兼務）			○	○
B社	社長	●			
	プロジェクトリーダー	●	●	●	●
	プロジェクトチーム		○	○	○
C社	社長	●			
	外部からの出向者(*)	●	●	●	●
	プロジェクトチーム		○		
	ITコーディネータ			○	
D社	社長	●	●	●	●
	プロジェクトチーム		○	○	○

(●:主担当○:副担当)
＊：メインバンクから出向し，1年後C社の社員へ

出典　筆者作成

(1) 業務プロセスにおけるIT化のデザイン

経営・業務の目標，あるべき形を設定した業務システムづくりをおこない，どこをIT化するのか，全社最適化の視点でデザインがおこなわれている。あわせて，組織の補完要素を高める取組みがデザインに含まれている。自社に図書館を設置するなど個人のスキルを高める取組みと，食堂に電気自動車の部品をばらして展示するなど，社員間のコミュニケーションを活発にするための場

を設定し，個人のノウハウ・知識を組織へ取り込むための取組みが実施されている。

(2) **ITの運用体制（IT化の推進）**

改修や機能追加の要望に対し，ITへの付加を前提とするのではなく，仕事の仕組みを変えて対応をおこなう検討の場が設定されている。

(3) **IT化浸透のための取組み（部門間調整を含む）**

操作性，保守のしやすさの観点より，ITをシンプルにする。IT化における部門間の問題点について場を設定し調整をおこなう等，組織へのIT化浸透を推進する役割を果たしている。

以上のキーパーソンの調整機能は，環境の変化に対して情報システムの改修を頻繁におこなうことなく，業務のやり方を改善するなど，組織的に補完する取組みとして組織に根づいている。この事が，ITに柔軟性をもたせ，長期的な利用，IT関連経費の節減に有効に機能し，IT活用効果につながっている。

4．おわりに

McAfee（2007）のIT化の組織的補完要素の1つである「リエンジニアリング」について，4社の事例より，大幅な組織変更，業務プロセス改革が必ずしも必須ではないことが明らかになった。組織変更については，4社全てが現状の組織を前提に進められている。また業務プロセス改革は，経営の可視化，意思決定の促進を目的とする2社については，現状の可視化が前提のため実施されていない。これらはIT化の目的の違いと，IT化に対する反発を抑え，組織内へIT化に対する合意形成を得る事を重視した結果であると考える。

（徳田美智：広島大学大学院博士課程後期）

【参考文献】
國領二郎監修（2004）『ITケイパビリティ』日経BP企画。
遠山 暁（1994）「リエンジニアリングによる企業革新と情報システム」『オフィス・オートメーション』Vol.15, No.3, 4, pp.206-213。
McAffee, A.（2007）"Mastering the Three Words of Information Technology," *Harvard Business Review*. Vol.80, No.4, pp.74-81（スコフィールド素子訳（2007）「CEOのためのIT経営論」『Diamond Harvard Business Review』ダイヤモンド社，第32巻第8号）．

5．ちいきをつくる

瀬戸内海の水軍に関する歴史的資源調査および その活用方法に向けた研究

1．はじめに

　古来，交通の要衝であった瀬戸内海では，「水軍」が群雄割拠し凌ぎを削った。瀬戸内海の海賊を束ね宮島に厳島神社を造営した平清盛，海の戦国大名と呼ばれ毛利の飛躍を支えた村上水軍などが知られているが，「水軍」の歴史と伝統は，瀬戸内海に脈々と生き続ける。

　アジア地域等との歴史的交流によって成熟し，その後衰退に直面している瀬戸内の港町の地域活性化と観光関連産業の振興を図るには，文化的価値を発掘し，つながりを再生する試みが有効と考える。瀬戸内の港町の生業，食，伝統行事等の背景にある「水軍」に関する文化遺産等の保存・継承の実態を把握して，新たなツーリズムの開発につなげる。

2．分析結果

(1)　水軍資源（城跡・博物館等）の現状調査，旅行業関係者へのヒアリングをおこない，以下の3つの広域観光ルートの現状について，水軍資源の集積度や魅力度，交通手段を勘案し評価した。

①宮島・広島・呉・松山ルート：広島と松山を結ぶルートは，瀬戸内海を体感できる航路をいかに活用できるかがポイントとなる。このルートは，目的地までの移動時間が短縮されることで滞在時間が増え，消費の拡大が期待できるが，運行料金の割高感の解消が課題となる。

②しまなみ海道ルート：地域資源，伝統行事，体験型観光など，豊富なメニューが用意されているが，その多くがしまなみ海道から離れた地域に点在し，多くの移動時間が必要となる。また，しまなみ海道の乗降回数に比例して料金も嵩むため，満足度の高い厳選されたプランの提供が課題となる。

③江田島・呉・蒲刈・鞆ルート：ルート全体の距離が長く，移動手段は自動車や貸切バスなどに限定される。また，フェリーの区間を3箇所，高速道路・有料道路の区間を2箇所経由しなければならず，料金が大幅に嵩む。とくに，

「大崎上島⇔大三島」間は，フェリーが1日2便しか運航されていない。
(2) アンケート調査による観光客の形態・行動・認知度の分析結果
・日　時　：2012年1月21～22日
・調査地点　：呉市海事歴史科学館，せとうち茶屋大三島，松山城
・回答数　：207人，210人，201人

① 発地点（近距離・遠距離）に着目したまとめ
　近距離からの観光客は3エリア共通で次の特徴をもっている。
a. マイカーの割合が最も高く，日帰り客が6割以上。
b. おおむね4回以上の割合が高く，家族と一緒に訪れる割合が最も高い。
c. 男性と女性の割合がおおむね半々程度。
　遠距離からの観光客は次のような特徴をもっている。
a. 呉エリア，松山・道後エリアは新幹線・航空機・JR，しまなみエリアは団体バスの割合が高くなっている。
b. 初めての割合が高く，宿泊客（1泊以上）が9割前後。
c. 男性の割合が6割以上と高く，しまなみエリアでは8割。これは団体バス利用の職場旅行が多いことが理由と推察される。
　一方，距離にかかわらず，しまなみエリアと松山・道後エリアでは相互に広域観光ルートとして観光客の周遊性がみられるが，両エリアと呉エリアとの広域性はほとんどみられない。

② 着地点（訪問するエリア）に着目したまとめ
　訪問するエリアに着目すると，次の共通した特徴が指摘できる。
a. 遠距離からの観光客が周遊する割合が高くなっている。
b. 情報収集方法は，おおむね口コミの割合が高いが，しまなみエリアでは観光パンフレットの割合が高くなっている。

③ 認知度についてのまとめ
　多くの観光客は水軍について漠然と知っているが，水軍ゆかりの史跡施設，歴史文化ストーリー，伝統行事については総じて認知度が低く，とくに若い世代や地域外の観光客の認知度が低い。水軍城の石垣や天守閣などが残っておらず，また，水軍関係の露出度が少ないことが要因と思われる。

3. 瀬戸内観光ルートの提案

　瀬戸内海の活性化を図るために交流人口の増加が必須であることから，本研

究会で調査したさまざまな水軍資源の集積度を勘案し，既存公共交通利用，広域周遊型を前提として観光ルートを検討した結果，下記の3つの瀬戸内観光ルートを造成し，行政，観光事業者へ提案した。

Aルート：広島−宮島口〜宮島〜松山道後〜呉−広島
（テーマ例）瀬戸内海道1号線を巡る瀬戸内水軍浪漫の旅（世界遺産，名湯道後温泉）
Bルート：広島−呉〜松山道後−大島−大三島−因島−尾道−福山
（テーマ例）瀬戸内海道1号線としまなみ海道で行く瀬戸内水軍紀行（村上水軍，河野水軍，忽那水軍ゆかりの地）
Cルート：広島−呉〜松山道後−大島−岩国−宮島口〜宮島〜宮島口−広島
（テーマ例）西瀬戸水軍浪漫の旅宮島広島松山道後周防大島岩国を巡る旅

凡例：−は陸路，〜は航路を示す

4．おわりに

今回提案したAルートを中心に，関西，中京，関東において旅行商品化が進む一方，るるぶ特別編集「瀬戸内・松山」（2012年3月）など，旅行雑誌や業界紙などにも掲載されている。

また，最近では，国の進める訪日旅行誘致において，京都・広島・松山ルートが国内で唯一「新ゴールデンルート」として提案されたほか，JRにおいては「広島・松山割引きっぷ」の発売を決定し，関西方面から宮島・岩国・広島・呉・松山までの新幹線や船舶，在来線が格安でパッケージ化された。今後，これらの動きを通して，瀬戸内海道1号線を活用した広島・松山の周遊ルートの旅行市場へ定着を期待するとともに，2014年3月から始まる「瀬戸内しまのわ2014」での交流人口増の一助になることを祈念する。

（出原由貴：広島県自治総合研修センター）
（織田祐吾：松山市）
（元岡敬史：中国経済連合会）

（2011年度プロジェクト研究「瀬戸内海の水軍に関する歴史的資源調査及びその活用方法に向けた研究」）

瀬戸内における朝鮮通信使等の歴史文化資源の掘起しとネットワーク化に関する研究

1．はじめに

　本研究は，瀬戸内の港町を巡った「朝鮮通信使」のルートを重要な歴史文化資源と位置づけ，地域や資源相互のネットワーク化のあり方を調査することにより，国内外からの観光客誘致と交流人口増加を促進し，瀬戸内沿岸・島嶼部の過疎・高齢化対策や産業振興方策に資することを目的とする。

2．中国地方の寄港地における朝鮮通信使資源活用の現状と課題

　朝鮮通信使の中国地方の寄港地は，下関・上関・下蒲刈・鞆の浦・牛窓である（図表１）。通信使は江戸時代には，12回来日し，総員は４〜500名にのぼり，外交使節であると同時に，文化使節でもあった。寄港地の各藩は使節を歓待し，文化交流も盛んであったことから，通信使が宿泊した福禅寺（鞆）・本蓮寺（牛窓）等，日東第一形勝・対潮楼の扁額（鞆）や詩書（下関）等，通信使への饗応料理（下蒲刈），通信使からの進物と目録（下関），伝承された唐子踊（牛窓）などが各地に残る。また通信使の再現行列イベント（下関，下蒲刈，牛窓）もおこなわれている。しかし，寄港地間で朝鮮通信使関連の歴史文化資源の保存状況に差があるため，通信使を活用した地域づくり，観光振興の取組み状況にも温度差がある。このため，各寄港地での一層の資源の掘起しと，寄港地間での組織的，機能的な連携強化が課題である。

図表１　通信使の行程

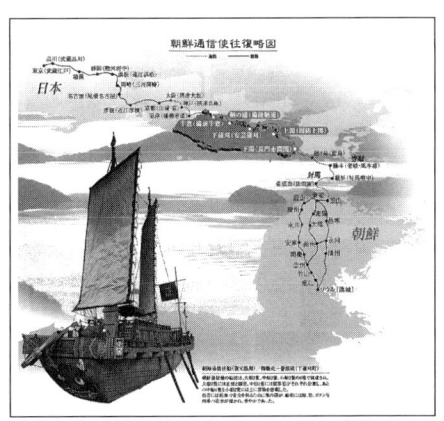

出典　中国運輸局ビジットジャパン事業パンフレット

3. 全国および中国地方における朝鮮通信使関連史跡などの認知度

(1) 調査目的・方法

中国地方の朝鮮通信使ゆかりの史跡・施設等の認知度やゆかりの地を観光する際の観光行動等を把握し，観光資源の問題点や活用方法を探るため，ＷＥＢによるアンケート調査を実施（2012年10月18日～19日）した。

調査対象は中国・四国9県と通信使の行列沿線の計22都府県とし，選択肢とした史跡・施設などは以下のとおりである。

- 下関：赤間神宮・引接寺・長府博物館・朝鮮通信使行列再現
- 上関：御茶屋跡・超専寺・旧上関番所
- 下蒲刈：松濤園（朝鮮通信使資料館）・饗応料理・朝鮮通信使再現行列
- 鞆の浦：福禅寺（対潮楼）・鞆の浦歴史民俗資料館・保命酒
- 牛窓：本蓮寺・御茶屋跡・唐子踊
- その他・知らない

(2) 調査結果

回答者は426名（うち中国地方22名（シェア5.2%））で，①朝鮮通信使を「よく知っている」あるいは「名前だけ知っている」と回答した人の割合は全国（含む中国地方）が30％以上，中国地方は30％以下と全国を下回っている。

② 「朝鮮通信使を何で知ったか」は，全国，中国地方とも「学校での歴史の授業や社会人向け講座」との割合が60％以上と最も高い。

③ 「瀬戸内にある朝鮮通信使のゆかりの史跡・施設・芸能・食の認知度」は，全国，中国地方とも「知らない」がほとんどである（90％前後）。

④ 「瀬戸内にある朝鮮通信使のゆかりの史跡・施設への訪問・芸能・食の体験」は，全国では，赤間神宮（37.5%），長府博物館（18.8%）の割合が高い。中国地方では，引接寺，長府博物館への訪問者が各1名，保命酒の体験者が1名のみである。

調査結果をみると，朝鮮通信使関連の歴史文化資源の認知度は非常に低く，観光資源として活用を図っていくためには，まず効果的な情報発信が課題である。

4. 朝鮮通信使資源のネットワーク化に向けた取組み

長崎県対馬市が事務局となり，15自治体46個人・団体で構成する「朝鮮通信使縁地連絡協議会」（以下，縁地連）が，朝鮮通信使関係の全国組織の役割を

担っている。韓国では「釜山文化財団」が各種イベントなどをおこなっており，同財団は，日韓共同による朝鮮通信使の世界遺産登録のため，2012年10月に釜山で国際シンポジウムを開催し，日本からは縁地連などが参加した。

これを受けるかたちで2013年2月，本研究のメンバーも参加して，福山市での研究フォーラムを開催した（図表2）。日韓から関係者が多数参加して，講演およびパネルディスカッションなどをおこなった。

図表2　フォーラムポスター

出典　フォーラム実行委員会

5．おわりに

本研究での朝鮮通信使資源の調査研究やフォーラムなどを通じて，縁地連，朝鮮通信使の研究者，NPO，行政，さらに韓国側などさまざまな地域・分野の関係者のネットワーク強化に貢献した。一方，研究過程で提起された世界遺産認定への取り組みに関しては，実効的な組織体制のあり方や関係者間の役割分担などについて更なる検討が必要である。

（小早川隆：公益社団法人中国地方総合研究センター）
（花野和広：中国運輸局）
（村田民雄：NPO法人NGOひろしま）

（2012年度プロジェクト研究「瀬戸内における朝鮮通信使等の歴史文化資源の掘り起こしとネットワーク化に関する研究」）

【参考文献】
小早川隆（2012）「朝鮮通信使と瀬戸内海」中国電力（株）『碧い風』Vol.76, pp.8-9。
小早川隆（2013）「朝鮮通信使に関するアンケート調査について」小早川隆・小出修司『エネルギア地域経済レポート』No.463, pp.10-19。

日韓の国境を越えた世界遺産登録の共同申請に向けた組織体制のあり方

1．はじめに

　本稿では，日韓「誠信外交」を体現した朝鮮通信使にまつわる記録文書を世界記憶遺産（以下，記憶遺産）に共同申請しようとする，これまでに類例をみない国際的な活動について，推進組織体制のあり方の観点から，調査研究した内容をまとめた。

　但し，現時点では，構想段階から実施段階へ移行するに当たり，どういう組織が望ましいのか答えられていない。本稿は，共同申請に関わるキーパーソン達と連携し，実際の取組について課題認識を深めたものである。

　朝鮮通信使とは，近世日韓史における善隣友好の象徴であるが，日本において注目を集め始めたのは1990年に盧泰愚大統領が宮中晩餐会において雨森芳洲に言及した時からである。爾来，対馬市を中心に朝鮮通信使に縁のある全国の寄港地が縁地連絡協議会を結成し，歴史研究や史跡・文化・文芸保存を通じて地道な草の根の活動を続けている。一方，韓国では朝鮮通信使が日本へ旅立つ始点となった釜山にある釜山文化財団が，行政の委託による国際交流活動の一環で朝鮮通信使行事や歴史学習，日韓交流を推進している。2013年2月には広島県福山市で日韓共同フォーラムが開催され，記憶遺産申請をおこなう行程が共有され，また瀬戸内海沿岸部を中心に活動する諸団体とのネットワークも形成されるなど共同申請に向けた機運が徐々にではあるが盛り上がりつつある。

2．世界記憶遺産について

　ユネスコ記憶遺産事業（MoW：Memory of the World）は，世界中の文書館・図書館・博物館の貴重な資料の保存と普及の強化を目的とし，1995年より事業が開始した。活動の主旨は大きく3つあり，①最適技術による保存の支援，②世界的なアクセスの支援，③ドキュメント遺産の存在とその重要性に関する世界的な意識の向上である。

　登録件数は300件（2013年時点）であり，代表的な物件として，アンネの日記，

フランス人権宣言，マグナカルタ等が挙げられる。また共同申請は27件であるが，アジア国家間での先行事例はない。日本からは3件登録されており，『山本作兵衛の炭坑記録画・記録文書』(2011年)，『慶長遣欧使節関係資料』『御堂関白記』(2013年) がある。現在，東寺百合文書・シベリア抑留者日記・神風特攻隊日記等が登録申請を検討中である。

なお，登録にあたっては，対象となる史料の，(1)真正性は確保されているか，(2)世界的な重要性，唯一性，代替不可能性は確保されているか，が問われ，さらに(3)個別の基準（時間，題材とテーマ，社会的，精神的，コミュニティー的な重要性等）を満たしているか，という登録の正当性を保証する理由が求められるので，推薦にあたっては戦略的な対応が必要とされている。

3．先行事例の調査—田川市・山本作兵衛コレクション—

ユネスコ記憶遺産登録には3種類（国際，地域，国内）の方法がある。日本では，2013年に申請・登録された2件（『慶長遣欧使節関係資料』『御堂関白記』）が国宝で，かつ国家主導で推進活動がおこなわれたことに対し，2011年に申請された山本作兵衛コレクションは重要文化財レベルの史料であった。

内容は，明治時代後期から20世紀後期に至る，筑豊炭坑の様子を描いた記録画と文書集であり，現在では田川市石炭・歴史博物館および福岡県立大学が所蔵している。申請当時，日本には国内ユネスコ委員会がなく，地方自治体からの直接申請において国内の障壁は少なかった。九州・山口の近代化産業遺産群を世界遺産登録するという背景の中で，世界遺産コンサルタントや日本のICOMOS（国際記念物遺跡会議）関係者と早くから接点をもっていたということも追い風となり，少ない予算の中での申請手続きが可能となった。なによりも，筑豊炭坑郷土史を研究し続けた民間人が主導したという点は，世界的にも特筆すべきことであり，また歴史遺物を保存・活用する上で，草の根の市民活動が肝要であることは非常に参考になる。

4．共同申請の意義と課題

(1) 意義

朝鮮通信使は，日韓・東アジアにおける平和を志向した共通の遺産である。また，ユネスコは多国間の協力による共同の登録申請を奨励しており，多国間の共同登録はユネスコ文化遺産の申請件数の制限を受けないこと，2015年は日

韓国交正常化50周年で友好関係修復の象徴となりうること，などから本事業推進の意義は大きい。

(2) 課題

まず，資料・史跡の偏在が挙げられる。具体的には，記憶遺産関連資料は韓国に多く，日本での史料は重文レベルにとどまっている。一方，自然・歴史遺産は日本に偏っている。次に，研究や登録へ向けた活動レベルにおいて両国間での格差が挙げられる。朝鮮通信使縁地連絡協議会は市民団体，釜山文化財団は行政委託財団と，性格・規模が異なる。組織体制，資金力はもとより中央政府とのつながりなど両団体の差異は大きい。また朝鮮通信使を専門とする研究者数や学会の規模は韓国の方が大きく，特に若手人材の育成の面で日本は遅れを取っている。さらには，昨今の日韓関係の冷え込みは両団体の連携や交流を阻害するまでには至らないものの，記憶遺産申請を行う上で軽視はできない世論や両国政府の姿勢に少なからず影響を与えると考えられる。

5．おわりに

本研究では，「日韓の国境を越えた世界遺産登録の共同申請に向けた組織体制のあり方」について研究してきたが，地域主導で日韓共同申請を志向するにあたってのさまざまな課題が見えてきた。上記課題の他にも，国（文部科学省）との連携，申請にあたってのノウハウ取得，申請や保全にかかる予算の確保など実務上クリアすべき課題も多い。研究会としては継続的な検討を続け，主体となる日韓両団体を支援していきたい。

（米山俊哉：矢野経済研究所）
（大井博文：中国電力株式会社）
（齊藤稔夫：マツダ株式会社）

（2013年度プロジェクト研究「日韓の国境を越えた世界遺産登録の共同申請に向けた組織体制のあり方」）

高齢者が死ぬまで生活できる場所
―ホーム・ホスピスまろんの家の事例―

1．はじめに

　本研究は，高齢によって日常生活への支援が必要となり，自宅での単身生活が困難になった人が，死ぬまで生活をする場所をどのように選択しているのかについて，明らかにしようとするものである。調査方法として，広島県のホーム・ホスピスまろんの家の従業員（60歳代，訪問介護員，介護職の経験年数は1～5年）を対象に聞き取り調査を実施した。筆者はまろんの家で共に勤務する看護師である。面接は1回約30分で，質問内容は主に入居者へのサービスについてである。これを通じて，筆者は，ホーム・ホスピスまろんの家の利用者が，ホーム・ホスピスを選んだ理由について分析を試みる。

2．ホスピスの思想

　ホスピス（hospice）の語源はラテン語の hospi-tium（hospit-em）で，手厚く，快く，泊める，保護する，親密な間柄などの意味もある。キリスト教では隣人愛と考えられ，宿と病者・貧者・老人のための療養施設に発展した。歴史学者の Peyer（1987）は，これを『異人歓待』という人類普遍の「見知らぬ人を迎え入れ，食事を出し宿泊させ保護する」行為に起源すると説明している。また折口信夫（2003）は，古代日本においても神が『まれびと（客人・稀人）』として来客するという信仰に基づいて，人々は異人に食事を出しもてなした，と述べている。仏教伝来後，まれびと信仰は仏教思想と結びつき，貧窮者の病人を治療する施薬院が造られた。平安時代の僧源信は看病について書物に記している。この行為は各宗派や民間に伝わり，明治時代まで続くものであった。一方で，西洋から始まった近代医療は，まるで工場の大量生産のごとく，病気の治療を目的に患者を一度に大勢治療する病院として発展した。その後，根治できない病気に対する治療の考え方が変わったのは，19世紀後半の英国における近代ホスピスの誕生にみることができる。ホスピスの目的は，ガンなどの治らない病気を治すのではなく，患者の痛みを除くなど症状の緩和である。ここに

「見知らぬ人を迎え入れ,食事を出し,保護する」という人類普遍の異人歓待の思想が流れているのではないか,それは現代のホーム・ホスピスにも受け継がれているのではないかと筆者は考える。

3. 高齢者の死亡場所の実態

1990年,旧厚生労働省は,「緩和ケア病棟入院料」という新たな保険医療制度を作った。しかし英国の例とは異なり,日本の制度下では対象者がガンとHIV患者のみである。日本における2010年度の死亡場所をみると,自宅が13.9%,病院が78.2%,老人の施設が2.5%である(図表1)。

図表1 疾患を有し一人暮らしが困難な高齢者が利用できる施設一覧

	病院	介護老人保健施設	特別養護老人ホーム	緩和ケア病棟(ホスピス)	ホーム・ホスピス
死亡場所の割合	78.2%	0.5%	2%	ガン死亡の約7%	
目的	治療	機能回復訓練と生活支援	生活支援	緩和治療	生活支援と緩和ケア
重篤度/疾患	重度	軽度又はコントロール中	重度になると入院することが多い	ガンとHIVに限定	制限なし
介護度		介護度の設定有	介護度の設定有		
年齢			65歳以上	65歳以上	
最大入院(所)期間	制限有り	制限有り	死亡まで	死亡まで	死亡まで
費用	1割負担(75歳以上)	約150,000〜/月	約80,000/月	44,000円/月	約120,000/月
保険	医療保険	介護サービス費+生活費+入居金必要	介護サービス費+生活費 入居金不要	医療保険	介護サービス費+生活費+入居金必要
収入制限	関係なし	関係なし	収入が少ないと優先される	関係なし	関係なし
介護職の数(法令規定)	居るところもある	100人対25人	100人対31人	居るところもある	5人対3人*

＊印は実態

出典 厚生労働省人口動態統計死亡の場所別にみた構成割合より筆者作成

これは,日本が近代医療の発展を経て,一人暮らしが困難な病気の高齢者が生活できる場所は,自宅から病院や施設へと変わったことを示す。一人暮らしの老人が増加した背後には,産業経済の高度成長に伴う都市と地域の変容と,暮らしぶりの変化としての核家族化,少子高齢化,無縁社会などがあげられる。増加する高齢者や高騰する医療費に対応して,厚生労働省は2000年に介護保険制度を開始したが,一人暮らしが困難な高齢患者が,希望する施設に入れない,費用を支払えないなど,「行き場のない人」が増え続けている。ホーム・ホスピスは,疾患や年齢の区別なく入居可能な施設として2004年を皮切りに,2013年現在までに12法人18施設に増えている。

4. 広島のホーム・ホスピスまろんの家の事例

2012年に設立したホーム・ホスピスまろんの家は,ホスピス・ボランティア

や市民活動をしていた看護師たちが協力して設立し，地域医療・介護施設などと連携し運営をしている。まろんの家は，空家を活用し，高齢者の日常生活を支援する訪問介護員が共同生活をしている。調査時の2013年11月には，5人の施設利用者が入居していた。従業員の聞き取り調査を通じてわかったことの中で筆者が注目したのは，どの従業員の話からも，「すべての施設利用者が口癖のように『しかたがない』と言う」ことである。筆者は利用者の言説に着目し，分析をおこなった。たとえばEさん（80歳代，女性）の場合，同居していた家族が入院したために，1人で古くて広い家に住むことが難しくなった。Eさんは国民年金受給者で，自由になるお金が少ないことや，「子どものいうことをきくしかない」と思ったことなどから，自分の今の生き方が理想や希望とは違っていても『仕方がない』と考えている。Eさん以外の事例についても分析が必要ではあるものの，筆者は現代社会の医療制度において行き場がない人が増加しているこんにちの日本で，ホーム・ホスピスが1つの選択肢となり受け皿となって対応していると考えている。

5．おわりに

　調査を通じて，疾患を有し一人暮らしが困難な高齢者は『仕方がない』と頻繁にいうことがわかった。しかし日本社会の現状や制度の元で，ホーム・ホスピスは「行き場がない」人たちを保護する，人類普遍の異人歓待の行為をこんにち引き受ける役割を果たしているのではないだろうか。今後の課題として，別のホーム・ホスピスの調査も実施して，利用者のホーム・ホスピスの選択理由について比較検討を試みたい。

（松原みゆき：一般社団法人フッフール）

（2013年度プロジェクト研究「超高齢・長寿社会における意思決定の構築に関する研究―ホーム・ホスピスの場からの検討―」）

【参考文献】

Peyer, H.C.（1987）*Von der Gastfreundschaft zum Gasthaus: Studien zur Gastlichkeit im Mittlelalter.* Hahnsche Buchhandlung（岩井隆夫訳（1997）『異人歓待の歴史―中世ヨーロッパにおける客人厚遇，居酒屋そして宿屋―』ハーベスト社）.

折口信夫（2003）『古代研究Ⅲ―国文学の発生―』中央公論新社。

情報通信技術の地域包括ケアへの活用

1. はじめに

　急速に進む少子高齢化によって，日本の65歳以上の高齢者の比率が2055年には40％を超えると推計されている。超高齢社会を見据えて2000年に導入された介護保険制度は，それ以前の行政主導による，与えられる福祉から，利用者が主体的にサービスを選択する福祉への大きな構造転換であった。2011年の介護保険法改正では，医療保険と介護保険という公的な枠組みだけでは超高齢社会への対応が困難になることを踏まえ，地域全体で高齢者を支える地域包括ケアシステムの2025年までの構築が目標に掲げられた。これは，増え続けるケアニーズに加え，高齢者のみの世帯の増加や認知症を有する人など，ケア以外の支援を要する人々の増加を背景に，生活支援や住居の保障，介護予防など，高齢者が地域社会の中で自立した生活を送れるように，状態の変化やニーズに合わせて，地域におけるさまざまな主体がサービスや支援を提供する仕組みである。しかしながら現状では，これらの主体間の連携が十分取れておらず，システム構築のために地域社会の中でそれらを包括的かつ継続的につないでいくことが求められている。それには，2010年代に入り新たな段階に到達した情報通信技術（ICT）の活用が鍵を握っている。

2. 介護サービスにおけるマネジメントの効率化と専門職連携支援

　増え続ける高齢者ケアの中心的な担い手は民間事業者が多くを占める居宅介護サービスである。その大半は事業規模が小さくICTの活用範囲は限られている。彼らの業務におけるICTの活用は，事業者自身の経営効率化に加え，地域包括ケアシステムに不可欠な他の主体との連携促進にも欠かせない。

　介護サービスは労働集約型産業の典型で，従事者1人当りの利用者数の増加やサービス提供時間の短縮といった，サービス提供面での直接的な効率化は容易ではない。このためマネジメント面での効率化に注力する必要がある。しかし介護サービスでは，提供するサービスの量や得られる対価に比べ処理すべき

データが種類・量ともに多く，しかも紙媒体と電子媒体とが混在している。その結果，情報の管理や利用は紙媒体をベースにおこなわざるをえず，業務遂行に必要な情報の一元的な管理と，必要な時に場所の制約を受けずに利用することが困難な状況にある。池田・樋口・吉澤（2012）は，このような介護サービス事業者の情報マネジメントの特徴を分析して，モバイル端末と安全性の高いオンラインストレージを用いた即応性のある情報共有の仕組みが，介護サービス業務の効率化に有効であることを示している。

椿（2013）は，ケアマネジャーの業務を支援するための，介護サービス提供主体間における情報交換の電子化方策を提案している。ケアマネジャーは介護サービス提供の責任者として，要介護者本人・家族，多種多様なサービス事業者，役所の担当窓口や医療機関等との連絡調整を担当している。それに伴う情報交換の大半は，電話やFAX，直接的な交渉や書面交付という非電子的手段でおこなわれ，データの再入力による時間ロスやコスト，転記ミス等による業務の手戻りなどの問題を招き，多大のコストと時間を費やす要因となっている。この分野の電子化は事業者間連携の基盤形成に必須であり，一刻も早く介護業界全体でデータ項目の標準化や情報交換用様式制定に取り組むべきである。また，電子行政化の一環として介護業務に関する行政手続きや書類の電子化を進めれば，この取組みをさらに加速することができる。

介護サービスの現場には，介護事業のマネジメントとは異なるICT活用ニーズがある。そこでは，1人の要介護者に対して，所属する事業所や職種が異なる複数の専門職が非同期的にサービスを提供している。この状況におけるサービス提供には専門職間の円滑な連携が不可欠で，それには，要介護者の状態やサービス内容などのケア情報の，正確かつ適時的な受渡しが求められている。現状の，要介護者の手元に置かれた紙媒体の連絡ノートについては，音声認識技術やセンサー技術によってケア記録の入力負担を軽減すると同時に，クラウドサービスを用いてネットワーク上に仮想化することで，たとえば，訪問介護の提供にあたって事前に要介護者の状況やそれまでのケア内容を確認できるなど，専門職間の連携が進みサービスレベルが大きく改善する。

3．介護と医療，介護と生活支援サービスとの連携支援

高齢者を支える2つの公的な仕組みである医療と介護とでは，保険制度の違いから同じ患者（＝要介護者）も別個のシステムで管理されている。しかし近

年の入院期間の短縮により，回復期の患者の在宅医療へのシフトが進み，高齢者が退院後に居宅介護と在宅医療を同時に受ける機会が増えている。このため，たとえば，退院後の居宅介護をスムーズに開始するために，退院時に医療から介護へ提供される情報を電子化するなど，情報システム面での両者の連携レベルを上げていく必要がある。

　高齢者が自立した日常生活を送るには，生活や健康の基本を支える介護・医療という公的な支援だけでは不十分であり，安否確認・配食・買い物支援など幅広い生活支援サービスと上手く組合せて，高齢者のQOL（Quality Of Life）を維持していく必要がある。しかし，高齢者の多様で個別的なニーズと，自治体や住民組織の他，多くの民間事業者が提供するサービスとのマッチングは，介護保険制度の制約や予算の制約，ニーズとサービスの双方に関する情報不足等から多くの困難を抱えており，課題解決へのICTの活用策が見いだせない状態である。

4．むすび

　本稿では，ICTが介護サービスの提供とそのマネジメントの効率化，介護専門職間の連携支援などに大きな効果をもたらすことを述べた。地域包括ケアでは，地域内の多様な主体が連携して高齢者の生活を支えていくことが求められており，そこでのICTの効果的な活用について，更なる検討が必要である。

（椿　康和：広島大学）

【参考文献】
池田幸代・樋口大輔・吉澤康介（2012）「介護サービス事業における情報マネジメントとICT導入の試み」『東京情報大学研究論集』Vol.16, No.1, pp.87-107。
椿　康和（2013）「介護サービス分野における情報通信技術の利活用に向けて」『季刊中国総研』Vol.17-3, No.64, pp.1-9。

東アジアのネットワークと瀬戸内海

1．東アジアのネットワークと海民

　東アジアから瀬戸内海に連なる海のネットワークは，古来，漁労，製塩，船による交易などで暮す海民によって形成されたといってよい。網野（2000）は，紀元前3〜4世紀ごろから，朝鮮半島から船を使うことが巧みな人々が渡来し，稲作をはじめとする多様な文化を伝播させたと述べている。

　海民は，大和朝廷の時代からすでに存在が確認される。航海技術などに優れ，海人部（あまべ）という名称で組織化されていたという。部民として航行を司り荘園への貢納物の運搬や水先案内などに携わったとされるが，元来，移動性の高い漂泊の民であるから，戸籍への編入や賦役等も難しく，定住と土地所有を基本とする律令制度に，なじみにくかったことは想像に難くない。沖浦（1998）は，現在のような交通・通信ネットワークがない時代に，中央の政権が海民を統制できたとは思えないと述べ，陸の覇王が主張する国土占有権と大自然の海原についての海民たちの本源的な共同利用権，そのような所有観念の根本的な相違という問題が伏在すると指摘している。

　瀬戸内の多島海の地形は天然の良港や水路を形成し，海民たちに国内の流通はもとより，東アジア地域との交流の舞台を提供したが，国内外の政治経済情勢に影響され，その営みは時代によってさまざまな変遷を辿った。

　19世紀半ばまでの東アジアには，中国をめぐって，1つの国際社会が形成され，中国人の世界観から生まれた華夷思想を原理とし，中国政治体制の一環をなすという特色をもつ独自の秩序が存在していた。

　中国，朝鮮，日本の間では，この秩序と各々の時代の国内情勢を背景に，私商貿易，朝貢貿易などが展開され，とくに14〜16世紀の中世後半期には，中国や朝鮮の史籍で「倭寇」とよばれる武装商人による海賊貿易が発生した。中国や朝鮮半島の沿岸まで遠征し，瀬戸内海では関銭や帆布銭などの通行税を徴収し，ときには海賊行為をおこなった海民は，平家に束ねられ覇権を助ける。武家の台頭以降の戦乱にあって陸の権力と結びつき，「水軍」と称される無視で

きない戦闘集団となり，海戦の技法は日本海軍に継承されたという。豊臣秀吉の天下統一の後は，水軍城の取り潰しや海賊停止令の布告によって衰退の道をたどり，大名の船手組に納まったり，内陸部に移封されたりした。一部は家船という形で文化を継承していたが，1960年代には集団としての海民は東アジアのネットワークとともに歴史から姿を消したのである。

2．瀬戸内海の港町のネットワーク

　瀬戸内海の交通路としての機能は，大小さまざまな港町の有機的ネットワークによって維持され，東アジアに連なっていた。鎌倉時代以降，貨幣流通の普及による商品経済の進展が金融資本等の増大を促し，瀬戸内の港町は緊密に中央経済と結びつき，日明貿易が活発化して，さらに商人の力が伸長した。これらの港町は，内陸部と内海航路をつなぐ役割を果たす河口部の港と，遠距離交易の拠点としての性格の港に分けられる。内陸部の物資は，河川または陸上路を使って河口の港に運ばれた後，小船等で拠点となる港町へ集積され，そこで大型船に積載されて畿内などの国内各地や海外に運ばれた。

　大河川に面しない地域にも，地形的条件や，主要航路に近いなどの地理的条件をもつ港町が形成されていた。現在では港湾の痕跡は残っていないが，福山市の柳津，吉津などがこれに相当し，芦田川河口の草戸千軒は，内陸部と，鞆や尾道などの遠距離交易港をつなぐ中継点であったと考えられる。

　鞆は，瀬戸内海中央の干満の分岐点に位置し，北前船，朝鮮通信使，江戸参府等の寄港地であった。町並みや社寺，雁木・常夜燈・焚場・波止・船番所といった港湾遺構や，「日東第一形勝」と称えられた景観を擁している。

　尾道は，荘園からの米の積出し，日明貿易の中継，石見銀山からの銀の積出しなど，商都として発展し，豪商の寄進による神社仏閣が並ぶ「坂の町」として独特の斜面地を形成している。入船（1995）は，応永27年（1420年）に寄港した朝鮮使節が記した「老松堂日本行録」の「人家ハ岸ニソイ屋根ハ接シ寺院ハ山上ニ連ナリメグル」など，古書に描かれた繁栄ぶりを紹介している。

3．港町の歴史・文化の再評価

　衰退したといわれる瀬戸内海の港町の価値は，単にアクセス性のみで評価されるべきではない。長い時間をかけて形成された歴史性，今も人々の生活が営まれる動態性，限られた空間に家屋などが集まり，失われやすいという集積性

や脆弱性，失われると代替できない不可逆性などが評価軸となる。この評価軸に沿えば，港町は，狭隘な地形や斜面，まちなみ，産業遺産，寺社，庭園，さらには生活文化，生業，祭事，人材など，有形・無形の歴史的・文化的資源の宝庫である（東京大学都市デザイン研究室レポート，2010）。

たとえば，雁木は干満の差を利用した帆船運航の名残であり，神社仏閣は，豪商の栄華の証左である。これら消滅の危機に瀕する景観や文化遺産を保全，維持，継承するには，法律や行政の仕組みだけでは困難である。

同様の地域が相互に連携し合い，各地に有形・無形の文化的資源を残している「朝鮮通信使」「北前船」といった港町をつなぐストーリーを形成して，価値の再評価と発信，参画意識の共有化を図っていく取組みが有効である。

とくに，朝鮮通信使の足跡が残る寄港地では，200年以上にもわたる日朝両国の対等な外交関係が，東アジア全体の平和と安定に果たした役割を再考し，その意義を将来に活かす必要がある。

釜山市を中心に，「朝鮮通信使縁地連絡協議会」を日本側のカウンタパートとして，この朝鮮通信使ルートを世界遺産登録する活動が進んでいる。瀬戸内海と東アジアとをつなぐ海のネットワークの価値を再評価し，国を跨いで世界遺産登録に取り組む試みは，日韓両国の平和友好関係の構築に民間ベースで寄与できることはもとより，瀬戸内海研究の視座がグローバルに拡大する点でも，大きな効果が期待できよう。

（後藤　昇：広島大学）
（末平顕雄：広島大学）
（戸田常一：広島大学）

【参考文献】

網野義彦（2000）『「日本」とは何か』講談社。
入船裕二（1995）『尾道今昔』ぎょうせい。
沖浦和光（1998）『瀬戸内の民俗誌―海民の深層をたずねて―』岩波新書。
東京大学都市デザイン研究室レポート（2010）

聖地のものがたり
―持続可能な地域のために―

1. はじめに

　観光を地域振興や活性化の手段とする活動が盛んである。『着地型観光』とは，地域資源を活かした旅を地域住民が主体となって企画し，商品化すること，あるいはそのようなプロセスで創られた旅である。大手旅行社が大量販売するパッケージ旅行や，名所旧跡を一目みたいとやってくる物見遊山の観光客を対象とする旅は1980年代頃までのマスツーリズム（大衆観光）の中心であった。「もう1つのツーリズム」のひとつとして成立した着地型観光は，観光地に住む人々が，自分たちが見せたい地域の「宝」に光を当てて，テーマやルートを企画し，自らの言葉で地域を語り案内をするというものである。観光者にとっての着地型観光とは，いわば地域の暮らしぶりをみる，非日常的な，あるいは異日常的な経験となる。地元住民との交流をはかることでは，情緒的な記憶が残ることも大きな魅力である。

2. エコツーリズムと地域社会

　日本語の「観光」とは，中国の易経にその語源が示されているように，「国の光を観る」ことを意味している。光とは，その地域ならではのなにかであり，住民が誇れるものである。来訪者はそれを見て感動し，その地域の人をうらやましく思い，よりかかわりを持ちたいと思う，そのような関係を結んでいくことが着地型観光の醍醐味でもある。この地域の「光」たる資源を大切に引き継いでいく観光振興は，持続可能な開発（sustainable development）の実践でもある。エコシステム（ecosystem＝生態系），あるいはエコロジー（ecology＝自然環境）とツーリズムを組合せた造語をエコツーリズムと呼ぶが，着地型観光はエコツーリズムの実践として展開されることで，持続可能な地域社会を推進する主体となるのである。

　一方，着地型観光を設計するにあたって最も難しい点は，地域住民にとってその地域の日常はあまりにあたり前の景色であり，目の前にある地域特有の宝

に気がつかないことがままあるという点だ。地域の外からやってくる人たちに指摘されて,「こんなものにも価値があるのか」と地域資源に気づかされることがよくある。こんにちの観光開発のキーワードが「若者,よそ者,ばか者」といわれるゆえんであり,地域住民とは異なる価値観や視点をもつ人たちとの交流によって,自らの宝に気づかされ,地域資源への光のあて方に着想を得,それを通じて地域住民は,自らの暮らしぶりについての語りを「聖地のものがたり」としてつむぎなおすのである。着地型観光では,地域住民がボランティアやNPOなども含め自主的な地域活動として集まり,「自分たちが自分たちの住みたいまちを創る」という考え方で活動する。子供や年寄りも参加ができ,行政や企業組織,ビジネスを巻き込んでゆく。強制されることのない活動を通じて,住民らはふるさとへの誇りと地域共同体の連帯を強めてゆく。また観光者がその地域の宝に魅了されたならば,一生に一度の観光旅行としてではなく,地域のファンとしてリピーターとなる。それはきわめて個人的な「聖地巡礼」となる。それが着地型観光商品の核でもある。

3. 内発的発展論

　このような観光振興の方法に伴って考えたいのは,内発的発展論 (endogenous development) の概念である。社会学者の鶴見和子 (1996) は,イギリスの開発経済学者 Seers の発展論の中の「自力更生」の要件や,ブラジルの社会学者 Cardoso の発展の定義,スウェーデン Dag Hammarskjöld Foundation が1975年に国連経済特別総会に提出した「もう一つの発展」の提案と同時期に,独自の内発的発展論を展開させた。それは当時の米国社会学者らに広く受け入れられていた近代化論における単系発展論を否定する多系的発展論であった。鶴見は南方熊楠の生態論や柳田國男の民俗学研究などを通じて文化の多様性に着眼し,発展論を深化させたのである。鶴見の内発的発展の定義は,「目標において人類共通であり,目標達成への経路と創出すべき社会のモデルについては,多様性に富む社会変化の過程である。共通目標とは,地球上すべての人々および集団が衣食住の基本的要求を充足し人間としての可能性を十全に発現できる,条件を作り出すことである。それは現存の国内および国際間の格差を生み出す構造を変革することを意味する (鶴見, 1996)」である。鶴見によれば,それぞれの社会や地域の人々によって固有の自然環境に適合し,文化遺産にもとづき,歴史的条件にしたがって,外来の知識・技術・制度などと照合し

つつ，自律的に創出されるプロセスがその社会の姿や生活スタイルなのだから，地球規模で内発的発展が進行すれば，それは多系的な発展であり，相互に，対等に，活発に手本交換がなされるのである。この鶴見の定義を観光振興に取り入れ，石森秀三らは内発的観光開発と自律的観光の議論を展開し，日本のエコツーリズムと多様な地域の展示方法を，理論的かつ実践的に支援している（石森・西山，2001）。

4．おわりに

　着地型観光は，主に体験型や交流型の旅が提供され，地元住民や地元の人のように地域のことをよく知る人がガイドとして同行する。ガイドは歴史，民話，言い伝え，地域の流行や個人的な思い出話も大いに交えた語り部である。観光者の体験は，「私もあの人たちのような暮らしができたらなあ」といった地域の暮らしに対するあこがれや，「またあの人に会いたいなあ」という個人に対する思いにもつながっていくことがある。このようなこんにち的な都市と地域の交流は，ひいては経済や産業をダイナミックに動かす可能性を秘めている。地域ブランド，地域デザイン，コミュニティ・デザインは，地域固有の文化コンテクストを構築すること，すなわち「聖地のものがたり」を際立たせることである。内発的観光開発の見地からは，世界中には多様に異なる魅力をもつ「聖地」が存在するのであり，それこそが人類の歴史を通じて伝えられてきた豊かな資源である。着地型観光を支えるものは地縁，すなわち地域共同体の互助力の向上だろう。ある過疎化した地域で観光まちおこしの活動家が筆者にこういったことがある。

　私たちはまちおこしをしているのではないのです。高度成長期を通して希薄になった地域の人間関係の結びなおしをしている，私たちは『まちつくろい』をしているのです」。

（八巻惠子：広島大学マネジメント研究センター）

【参考文献】
石森秀三・西山徳明編（2001）『国立民族学博物館調査報告21：ヘリテージ・ツーリズムの総合的研究』国立民族学博物館。
鶴見和子（1996）『内発的発展論の展開』筑摩書房。

地域包括ケアシステムにおける病院機能の検討
―病院機能とチーム医療に関する利用者と看護職の思いの分析―

1. はじめに

　近年，医療機関のマネジメントにおける重要な課題の1つとして「チーム医療の推進」があげられる。その背景には，①医療における周辺業務の増加と煩雑化（業務構造要因），②医師・コメディカルの不足（労働市場要因），③医師待遇の上昇と診療報酬の抑制（コスト要因），④医療の高度化と水平的協力（技術要因），⑤医療サービス範囲の拡大（マーケット要因）があげられている（大藪，2011）。その中でも，医療機関の社会的役割の変化によるサービス範囲の拡大は，医療機関の機能分化や医療資源の効率的活用といった医療機関の役割分担・連携の推進や医療と介護の連携の重要性を強調している。団塊の世代（約800万人）が75歳以上となる2025年以降，国民の医療や介護の需要が，さらに増加することが見込まれている。そのため厚生労働省は，「介護・リハビリテーション」「医療・看護」「保健・予防」「福祉・生活支援」「住まいと住まい方」の一体的な提供を掲げ「地域包括ケアシステム」の構築を提唱している（厚生労働省，2013）。しかし，これは理念や目標にすぎず地域包括ケアシステムにおける病院の役割や機能について関係者が現実に認識を共有できているとは言いがたい。

　そこで，本研究では病院機能とチーム医療について利用者（患者）と看護師の視点から，実態を明らかにし地域包括ケアシステムの構築に向けた課題を検討する。

2. 病院機能の実態調査

　総合病院，個人病院の外来診療に関して利用者（患者）の視点での実態（良かった点，悪かった点）についてインタビュー調査を実施した。100名の利用者から得た総合病院の「良かった点」（24項目），「悪かった点」（30項目），個人病院の「良かった点」（22項目），「悪かった点」（24項目）を意味内容の類似性に基づきカテゴリに分類した。なお，文中の結果の表記については，カテゴリを

【　】,特徴的な語りを"　"で表記する。

その結果,【待ち時間】【医療そのものの質】【設備(ハード面のサービス)】【ヒューマンサービス】【予約診療】【個人情報保護】【接遇】【雰囲気】【制度(保険等)】【地域連携】【医療費】【セキュリティ】の12カテゴリに分類された。「良かった点」で最も多かったカテゴリは,総合病院では【医療そのものの質】,個人病院では【ヒューマンサービス】であった。「悪かった点」で最も多かったカテゴリは,総合病院では【待ち時間】,個人病院では【医療そのものの質】であった。また,【地域連携】には,"個人病院と総合病院間で診察データを連携してほしい","手術後は,地元の病院で診察を受けたい","地域病院と大学病院の連携が取れており納得する医療を受けることができた","総合病院に老人が遊びに来ている感じがする。老人病院を作った方が良い"等の医療機関の役割・連携の課題が挙がった。

3．チーム医療(多職種協働)の実態調査

広島県内にある総合病院4施設の外来で勤務する看護師を対象に,多職種との協働における「良い点悪い点」についてインタビュー調査を実施した。その結果,多職種協働の効果として,"専門分野の仕事に専念できる","看護相談や看護指導等の看護業務の拡大につながった","患者の情報を他の専門分野のコメディカルに確認できる"といった意見が聞かれた。一方で,"多職種との業務調整の難しさ"や"医師の領域にどこまで踏み込んでよいのか曖昧である","責任の所在が不明確"といった多職種が協働するための体制が整備されていない実態が明らかとなった。

4．地域包括ケアシステムの構築に向けた課題

以上の結果から,地域包括ケアシステムにおける病院機能の課題として,在宅医療支援や医療・介護連携などの新たな医療提供体制の構築があげられる。2014年度から病床の機能報告制度(「高度急性期」「急性期」「回復期」「慢性期」の区分)の導入が予定されており,各医療機関の地域における役割を見据え,機能,役割を再確認していく必要があるといえる。しかし,機能を明確化することは資源配分という観点では効率的・効果的であるが,「移動」や「連携」という点ではそうとはいえず体制整備が必要である。利用者が地域内で継続性のある適切な医療を受けられるように医療施設間の連携を深めるとともに

多職種連携の体制を整備する必要がある。具体的には，何が医師，各コメディカルの資格と専門知識にもとづく業務であるかを明確にし，それに付随する間接業務を事務職員等に再分配するといった業務構造の再編成が課題といえる。

5．おわりに

　本研究では，地域包括ケアシステムにおける病院機能とチーム医療についてインタビュー調査にもとづき検討した。地域包括ケアシステムが持続可能なシステムとして，地域において利用者に定着するためには，利用者が見かけに左右されて大病院を指向するのではなく，かかりつけ医など自らの地域の資源を活用できるよう，医療機関の役割や機能が社会的に認知される仕組みが必要といえる。

　また，地域包括ケアシステムにおける病院の機能・役割として，在宅医療の中心を担う診療所のバックアップ，あるいは自ら在宅療養支援病院として，地域内連携を組んだチーム医療の拠点病院となることが望まれる。

（佐藤陽子：広島大学病院・広島大学大学院博士課程後期）

（2011年度プロジェクト研究「総合病院の外来における組織マネジメントに関する研究」）

【参考文献】

厚生労働省（2010）「チーム医療の推進について（「チーム医療の推進に関する検討会」報告書）」http://www.mhlw.go.jp/shingi/2010/03/dl/s0319-9a.pdf. 2014年1月9日閲覧。

厚生労働省（2013）「地域包括ケアシステム」http://www.mhlw.go.jp/stf/seisakunitsuite/bunya/hukushi_kaigo/kaigo_koureisha/chiiki-houkatsu/. 2014年1月7日閲覧。

大藪　毅（2011）「チーム医療とは何か―導入をめぐる組織マネジメント的分析―」『病院』Vol.70, No.12, pp.910-917。

結

　プロジェクト型課題解決事業の活動をふりかえってみると，マネジメント研究センターは，地域における知の創造システムとしてのプラットフォームとして機能してきた。企業，行政，NPO，個人，社会人大学生や修了生の社会人など，さまざまな社会的背景をもつ人たちがそれぞれに自分の仕事に関連する課題を持ち込んできた。マネジメント研究センターは，それらを広く受け入れて，自律的な社会人研究活動者たちの議論の場を提供し，課題解決の支援をしてきた。産業社会で日々働く人たちと，大学の教員や学生が連携し議論を繰り返し，情報交換をし続けることで，いわば地域の多様でダイナミックな知の還流を引き起こす大いなる刺激となったことは間違いない。その活動がどのようなものだったのか，本書では，知の創造システムを構成する5つの要素に分類したが，プロジェクト研究を推進した人々が議論した内容およびそこから得られた新たな知見は，次のように示すことができる。

　「ひと」にかかわる課題を提起した人たちは，ひとがもつ知を最大限に生かし，いかに能力や技能を向上させるかということに関心を寄せていた。研究テーマは個人，組織，マネジメントとさまざまであったが，いずれも調査報告から新たな知見を得ることができた。そして，新たな知がさまざまなつながりの中で生まれることを明らかにした。

　「かなめ」は，組織や企業が価値を社会に提供し消費者がそれを享受する，という二項対立的な考え方ではなく，「価値を共創する」という新しいロジックにシフトしたひとたちが集まり議論を重ねた。事例研究や理論研究から得られた知見は，共創するプロセスで消費者側が価値を判断するという点であり，そこに組織や企業が独自性を発揮できるかが問われているのである。したがって，このことは，イノベーションを引起すことができるひととも深く関連する。

　「しくみ」は，それぞれのひとがもつ知や能力を資源として活用しながら，共創のダイナミズムを引起すことができる組織をいかにして構築するかについて議論した人々である。制度や会計のしくみや，組織共同体のエンジニアリングなどについても議論を重ねた。そして，共創には開かれた関係が不可欠であ

ることが明らかとなった。

「ながれ」は，しくみが共創をするために，ヒト，モノ，カネ，情報などがいかにフローするのかについての議論であった。知識や情報の良いながれができることによって，しくみにおける共創が促進される。すなわち，ながれづくりには，受け手側の意思や能力も深く関わっていることが明らかとなった。

「ちいき」は，持続可能な地域社会に着目する人たちの議論であった。地域資源を意味ある商品に転換し，観光活動に変えるしくみやながれ，そして，価値創造のかなめにはひとの知が必要である。また，少子高齢化社会における弱者救済のしくみを考えたひとたちは，その理念をもつひとのネットワークこそがちいきのかなめであると考え，広域連係による情報や知識のながれを使って研究調査をおこなった。すなわち，ちいきは，知の創造システムの場なのである。

もちよられた研究課題や問題意識は多様なものであったが，プロジェクト研究活動を通じてそれぞれに新たな知を創造した。その根幹は，ひと，かなめ，しくみ，ながれ，ちいきという5つの要素に集約される。それらの要素が「知の創造システム」として相互作用することで，地域産業や経済社会にダイナミックに作用し，多様なムーブメントをおこす。マネジメント研究センターは，個々の自発的で自由な地域活動を広く支援するプラットフォームであり，多様な連携と，新たな知の創造のための媒体として，その活動は，新たなる飛躍を目指し，今後も続いていく。

    広島大学マネジメント研究センター編集委員会
                村松潤一・佐伯健司
                八巻惠子・中村友哉

2011年度プロジェクト研究メンバー一覧表

	テーマ	代表者	指導教員	メンバー	院生
1	地域ビジネスにおける"価値"の創生（S-Dロジックを通じての価値共創に関する事例研究）	山口隆久	藤岡芳郎	村上真理	橋本公実子 藤本　静 高木照仁 三好純矢
2	患者起点の病院システムの考察―S-Dロジックにおけるナレッジとスキルの視点から―	野田義顕	相馬敏彦 藤岡芳郎		大藪　亮 木村太祐 周詩涵
3	助産師の能力獲得と組織との関係性に関する研究	藤井宏子	加藤厚海	尼子華子	北谷真美
4	ホスピタリティ産業におけるサービス向上に資するマネジメント・モデルに関する研究―ホテル産業を中心に―	杉原玲子	原口恭彦		香坂千佳子 西　宏樹 河野　彩
5	日本の製造業において新製品開発を成功に導く人材の研究―プロダクト・チャンピオン人材の保有する能力とその開発の可能性探索―	藤井誠一	村松潤一 江　向華 中村友哉		今村一真 中松由佳 解　微
6	人材グループ別人的資源管理の構築に関する研究	安藤正人	中村友哉		藤澤康夫 興梠幸広 渡辺裕治 山下哲平
7	総合病院の外来における組織マネジメントに関する研究	和田良香	原口恭彦 相馬敏彦	江口圭一 田中　亮 黒瀬真理子 新田茂樹	小玉一樹 佐藤陽子 井戸広美
8	企業情報システムにおけるIT化知識の継承研究	村中光治	奥居正樹 椿　康和		徳田美智 門出　剛
9	簡易水道事業の地方公営企業適用の推進方法についての調査研究―広島県・大阪府の実態を元にして―	菅原正明	星野一郎 佐伯健司	鳥井総司	石﨑善隆
10	不動産開発事業に係る事業主体の考察―市街地再開発事業を題材に―	福田正太郎	佐伯健司	上川芳徳	虫明千春
11	瀬戸内海の水軍に関する歴史的資源調査およびその活用方法に向けた研究	守永智絵 元岡敬史	戸田常一 後藤　昇 末平顕雄	米山俊哉 出原由貴 織田祐吾 小早川隆 冨田千春 花野和弘 向田裕始	吉原文雄 竹本尚史

2012年度プロジェクト研究メンバー一覧表

	テーマ	代表者	指導教員	メンバー	院生
1	地方自治体におけるマネジメント・コントロールに関する実証研究	佐藤　幹	星野一郎	太田祐介 平野誠司	
2	簡易水道事業の地方公営企業法適用化に関する調査研究―広島県，愛媛県等における実態をもとにして―	菅原正明	星野一郎 佐伯健司	鳥井総司	石﨑善隆
3	戦略的意思決定能力の研究―意思決定能力のマネジメント―	竹本　崇	加藤厚海	安藤正人 木下良治 和田良香	佐藤陽子 小玉一樹
4	大学におけるキャリア教育・支援の再構築に関する研究―キャリアサービスのデリバリー論からの検討―	中川洋子	椿　康和	島川久美子	吉田順子
5	患者起点における病院組織との相互作用による文脈価値生成の考察―ダイナミックな視点より―	野田義顕	相馬敏彦 藤岡芳郎		木村太祐 孫　芸文 粟河瑞穂 藤本　静
6	韓国におけるフードバンク活動運営主体者と支援者との関係性の研究	原田佳子	椿　康和	本岡俊郎 小林富雄	才谷利史
7	地場産業における製造拠点の海外移転に伴う国際課税上の諸問題について	福田正太郎	佐伯健司	野邑吉樹 上川茂徳	
8	ヒューマン・サービスのクオリティ向上のためのマネジメントに関する研究―介護サービス組織を中心に―	福間隆康	中村友哉	仙波直也	
9	日本の製造業における新製品開発の成功要因の研究―プロダクト・チャンピオンの実証研究―	藤井誠一	江　向華 中村友哉		柯　　斌 張　　怡 林　　钊
10	助産師の技能獲得に関する研究―組織と個人の関係性に着目して―	藤井宏子	相馬敏彦	吉田信隆 北村久美子	北谷真美
11	中四国の地方都市商店街再開発の成功要因に関する研究	藤本利明	藤岡芳郎 佐伯健司	木曽勝則 澤田昌文 城野佳也 新田茂樹	世良和美
12	協同組織金融機関におけるリレーションシップ―ＪＡバンクをモデルとした組合員制度の考察	村上真理	村松潤一		張　　婧 何　可人
13	企業情報システムにおけるIT化知識の継承の研究	村中光治	奥居正樹		門出　剛 徳田美智
14	企業における価値共創型の顧客関係構築に関するアプローチ―課題の抽出とアプローチの転換に向けた戦略の提示―	山口隆久	藤岡芳郎 中村友哉	今村一真	大藪　亮 三好純矢 周　詩涵
15	瀬戸内における朝鮮通信使等の歴史文化資源の掘り起こしとネットワーク化に関する研究	山根真明	後藤　昇 末平顕雄	元岡敬史 佐藤俊雄 小早川隆 宇佐川秀輝 菰下静代 花野和広 村田民雄	矢野直美

2013年度プロジェクト研究メンバー一覧表

	テーマ	代表者	指導教員	メンバー	院生
1	広島県内中小製造業のベトナム進出におけるコア人材の採用・育成について	西村英樹	椿　康和	山本公平 宮脇克也	福光直美
2	サービス業におけるアジア市場を対象とした市場や顧客との価値共創の現状調査	佐藤晃司	藤岡芳郎 八巻惠子	山口隆久 村上真理 今村一真	張　　婧 臧　瑞姣 欣　　陳
3	日韓の国境を越えた世界遺産登録の共同申請に向けた組織体制のあり方	米山俊哉	末平顕雄 戸田常一 後藤　昇	出原由貴 大井博文 小早川隆 菰下静代 齊藤稔夫 花野和広 韓　泰文 元岡敬史	小神田隆史 福永玲子
4	アジアにおける自動車情報機器を用いた顧客との価値共創	清野　聡	藤岡芳郎 村松潤一 中村友哉	香川八州男 吉田浩之 宮田秀利	西　宏樹
5	中小企業の東アジア相互展開を成功に導く情報獲得プロセスの研究―中小企業の円滑な海外展開勝ちシナリオ―	桝木慶之助	金　熙珍 中村友哉	曽野徳成 魚谷保則 木曽勝則 新田僚子 和田良香 王　　奕 新田茂樹 趙　　瑀 周　　霜	
6	韓国におけるフードバンク活動運営主体者と支援者との関係性の研究	原田佳子	八巻惠子 椿　康和	本岡俊郎 小林富雄	
7	高齢者雇用の人材マネジメント	小玉一樹	佐伯健司 相馬敏彦	植野文詞 安藤正人 藤井宏子	北谷真美
8	地方自治体のマネジメント・コントロールにおける予算の意義と今後の役割	佐藤　幹	金　宰煜 星野一郎	澤根哲郎 大田祐介 平野誠治	
9	大学運営における革新的な行動に関する実証的研究―大学職員と民間企業の従業員との比較から―	木村太祐	相馬敏彦		河野　彩 濱岡　剛 大上麻海
10	超高齢・長寿社会における意思決定の構築に関する研究―ホーム・ホスピスの場からの検討―	松原みゆき	八巻惠子	田上広子 栗山恵子 河野敬雄	
11	簡易水道事業の地方公営企業法適用化に関する調査研究―広島県，愛媛県等における実態をもとにして―	菅原正明	星野一郎 佐伯健司	鳥井総司 藤井　満 日吉珠美	石﨑善隆

12	中四国の地方都市商店街活性化の成功要因に関する研究	藤本利明	佐伯健司 藤岡芳郎	下鉄太郎 澤田昌文 吉岡俊世 廣本典子 城野佳也 山本敬一郎	
13	旅館経営における女将の知の蓄積と継承の意味―顧客価値形成を中心に―	永井圭子	江 向華 村松潤一 藤岡芳郎	姜 聖淑 大藪 亮	藤本 静 野田義顕 林 釗 焦 曉静
14	企業情報システムにおけるIT化知識の継承に関する研究	藤河浩隆	奥居正樹	村中光治	徳田美智
15	経営理念の浸透推進による中小企業の現場改善に関する研究―アイデンティティの知覚に着目して―	瀬戸正則	中村友哉 奥居正樹		
16	戦略的意思決定適性の研究―意思決定能力のマネジメント―	竹本 崇	加藤厚海	木下良治 佐藤陽子	岩田明之 花井悠希 藤澤知徳

執筆者紹介

1．ひとをつくる

（執筆者）	（現在の所属）
福間隆康	高知県立大学
藤井宏子	県立広島大学
江口圭一	立教大学
和田良香	広島大学病院
田中 亮	広島国際大学
小玉一樹	株式会社フレスタ・広島大学大学院博士課程後期 福山平成大学（2014年4月着任）
安藤正人	マツダエース株式会社
竹本 崇	マツダ株式会社
原口恭彦	広島大学
相馬敏彦	広島大学
中村友哉	広島大学マネジメント研究センター
伊藤（北谷）真美	広島大学大学院博士課程前期
香坂千佳子	広島大学大学院博士課程後期
藤澤（井戸）広美	広島大学大学院博士課程後期（2014年4月入学） （共同研究当時の所属）広島大学大学院博士課程前期
濱岡 剛	広島大学大学院博士課程前期
大上麻海	広島大学大学院博士課程前期 広島大学大学院博士課程後期（2014年4月進学）

2．かなめをつくる

（執筆者）	（現在の所属）
今村一真	茨城大学
山口隆久	岡山理科大学
清野　聡	マツダ株式会社
野田義顕	医療法人沖胃腸科クリニック・医療法人江草玄士クリニック
藤井誠一	立命館アジア太平洋大学
村松潤一	広島大学
藤岡芳郎	大阪産業大学
	（共同研究当時の所属）広島大学マネジメント研究センター
中村友哉	広島大学マネジメント研究センター
張　　婧	広島大学大学院博士課程後期
楊　歓歓	広島大学大学院博士課程後期
大藪　亮	岡山理科大学
	（共同研究当時の所属）広島大学大学院博士課程後期
孫　芸文	広島大学大学院博士課程前期
西　宏樹	広島大学大学院博士課程後期

3．しくみをつくる

（執筆者）	（現在の所属）
菅原正明	菅原正明公認会計士事務所
鳥井総司	日本技術サービス株式会社
村上真理	広島県信用農業協同組合連合会
木村太祐	広島修道大学
中川洋子	立命館大学
	（共同研究当時の所属）聖カタリナ大学
西村英樹	中小企業診断士
宮脇克也	広島大学
山本公平	広島経済大学
星野一郎	広島大学
江　向華	広島大学
佐伯健司	広島大学マネジメント研究センター
石﨑善隆	広島大学大学院博士課程後期

4．ながれをつくる

（執筆者）	（現在の所属）
原田佳子	NPO あいあいねっと・フードバンク広島理事長
瀬戸正則	社会保険労務士
	広島経済大学（2014年4月着任）

村中光治	マツダ株式会社
永井圭子	吉井旅館
姜　聖淑	帝塚山大学
奥居正樹	広島大学
金　宰煜	広島大学
金　熙珍	広島大学
佐伯健司	広島大学マネジメント研究センター
藤岡芳郎	大阪産業大学
	(共同研究当時の所属) 広島大学マネジメント研究センター
八巻恵子	広島大学マネジメント研究センター
藤本　静	広島大学大学院博士課程後期
林　钊	広島大学大学院博士課程前期
	広島大学大学院博士課程後期 (2014年4月進学)
徳田美智	広島大学大学院博士課程後期

5．ちいきをつくる

(執筆者)	(現在の所属)
出原由貴	広島県自治総合研修センター
織田祐吾	松山市
元岡敬史	中国経済連合会
小早川隆	公益社団法人中国地方総合研究センター
花野和広	中国運輸局
村田民雄	NPO法人NGOひろしま
米山俊哉	矢野経済研究所
大井博文	中国電力株式会社
齊藤稔夫	マツダ株式会社
松原みゆき	一般社団法人フッフール
椿　康和	広島大学
後藤　昇	広島大学
末平顕雄	広島大学
戸田常一	広島大学
八巻恵子	広島大学マネジメント研究センター
佐藤陽子	広島大学病院・広島大学大学院博士課程後期

マネジメント研究センター運営委員（2013年度）

村松潤一（むらまつ・じゅんいち）
　　　マネジメント専攻教授・委員長
戸田常一（とだ・つねかず）
　　　マネジメント専攻教授
椿　康和（つばき・やすかず）
　　　マネジメント専攻教授
星野一郎（ほしの・いちろう）
　　　マネジメント専攻教授
奥居正樹（おくい・まさき）
　　　マネジメント専攻准教授
原口恭彦（はらぐち・やすひこ）
　　　マネジメント専攻准教授
加藤厚海（かとう・あつみ）
　　　マネジメント専攻准教授
相馬敏彦（そうま・としひこ）
　　　マネジメント専攻准教授
末平顕雄（すえひら・あきお）
　　　マネジメント専攻准教授

マネジメント研究センターメンバー

センター長
村松潤一（むらまつ・じゅんいち）マネジメント専攻教授・専攻長
博士（経営学）

所属教員
佐伯健司（さいき・けんじ）特任准教授
修士（マネジメント），税理士
【研究テーマ】
タックスマネジメント，租税回避行為，包括的否認規定，質問検査権，事業承継
【主要研究業績】
「我が国の事前確認（APA）の現状と課題―事前確認（APA）における納税者のジレンマ―」『広島大学マネジメント研究』（共著）第13号，pp.153-158，2012年。
【所属学会】
日本税法学会，租税訴訟学会，広島大学マネジメント学会

八巻惠子（やまき・けいこ）特任准教授
博士（文学）
【研究テーマ】
ビジネスの文化人類学的研究，サービス，観光
【主要研究業績】
"The Anthropology of Business and Administration in Japan," Sunderland, P.L.& Denny, R.M.（eds.）*Handbook of Anthropology in Business*.（McCreey, J.との共同執筆）Left Coast Press, CA. pp.301-320（2014）.
『国際線客室乗務員の仕事―サービスの経営人類学―』東方出版，2013年。
"Transnational Workspace on International Flight : Japanese Flight Attendants on Non-Japanese Airlines." Nakamaki, H.& Sedgwick, M.（eds.）*Senri Ethnological Studies 82*: Business and Anthropology: A Focus on Sacred Space.（共著）National Museum of Ethnology, Osaka, pp.79-85（2013）.

「〈ホスピタリティ〉の神話」「機内食を創る！」「現代の聖地巡礼」市川文彦・鶴田雅昭編『観光の経営史―ツーリズム・ビジネスとホスピタリティ・ビジネス―』（共著）関西学院大学出版会，p.19, p.29, p.58, 2009年。
【所属学会】
日本文化人類学会，Anthropology of Japan in Japan, 社会・経済システム学会

中村友哉（なかむら・ともや）特任講師
博士（経営学）
【研究テーマ】
技術経営，イノベーションマネジメント，経営戦略
【主要研究業績】
「ユーザーイノベーションの分類に関する一考察」『広島大学マネジメント研究』第15号，pp.15-26, 2014年。
「製品開発プロセスにおけるアーキテクチャと情報の粘着性の対応関係」（共著）『社会情報研究』第10号，pp.15-30, 2012年。
「イノベーションプロセスに関する研究―ユーザーイノベーションの生成プロセス―」『広島大学マネジメント研究』第12号，pp.53-64, 2012年。
「ユーザーイノベーションプロセスの分岐要因と戦略的活用への試論―イノベーションの共創へ向けて―」『Discussion Paper Series The Management Society of Hiroshima University』pp.1-23, 2011年。
【所属学会】
組織学会，アジア市場経済学会，広島大学マネジメント学会

編集後記

　2011年4月よりスタートした広島大学マネジメント研究センターを中心としたプロジェクト研究によって，さまざまな知見を得ることができた。本書は，その3年間のプロジェクト研究の集大成として出版を企画したものであり，研究代表者はプロジェクト研究で得た新たな知見，大学院生は研究で得た知見を自分の研究テーマとし，教員は最近のトレンドやトピックについて執筆をおこなった。

　プロジェクト研究の公募には，再び学ぶ機会を求めるマネジメント専攻の修了生や地域社会からさまざまな問題をテーマに多数応募いただいた。この場を借りてお礼を申しあげる。

　出版にあたって非常に過密なスケジュールであるにもかかわらず，多くの研究代表者，大学院生，指導教員の方々が執筆にご参加下さったことは，マネジメント研究センターとしては望外の喜びである。

　学術的研究成果を5つのカテゴリーに分類したうえで，内容をおおむね3,000文字にまとめることにより，できる限り読みやすいものとなるようにした。本書を，これから学びの機会を得ようとする社会人の方々，さらには大学関係者や企業，団体等，多くの方々に幅広く読んで，活用していただければ幸いである。

　最後に，プロジェクト研究を遂行するにあたり，ご協力いただいた関係者の方々に深く感謝する次第である。

2014年2月

編集委員会を代表して
佐伯健司

▨ 連携による知の創造―社会人大学院の新たな試み―　〈検印省略〉

▨ 発行日──2014年3月26日　初　版　発　行

▨ 編　　者──広島大学マネジメント研究センター

▨ 発行者──大矢栄一郎

▨ 発行所──株式会社　白桃書房
　　　　　〒101-0021　東京都千代田区外神田5-1-15
　　　　　☎03-3836-4781　📠03-3836-9370　振替00100-4-20192
　　　　　http://www.hakutou.co.jp/

▨ 印刷・製本──アベル社

　Ⓒ Management Research Center, Hiroshima University 2014
　　Printed in Japan　ISBN 978-4-561-26632-7　C3034

本書のコピー，スキャン，デジタル化等の無断複製は著作権法上での例外を除き禁じられています。本書を代行業者等の第三者に依頼してスキャンやデジタル化することは，たとえ個人や家庭内の利用であっても著作権法上認められておりません。

[JCOPY]　〈(社)出版者著作権管理機構　委託出版物〉
本書の無断複写は著作権法上での例外を除き禁じられています。複写される場合は，そのつど事前に，(社)出版者著作権管理機構（電話 03-3513-6969，FAX 03-3513-6979，e-mail : info@jcopy.or.jp）の許諾を得てください。
落丁本，乱丁本はおとりかえいたします。